여수세계박람회를 즐기는 방법

엑스포 디자인여행 20

이경진 + 김경진 지음

Message from the world

'엑스포 디자인여행 20'을 위한 세계 친구들의 메시지

●
Ho lavorato alla progettazione del padiglione Italia per l'Expo di Aichi 2005, e' stata un'esperienza bellissima. Auguro buon lavoro e buona fortuna a tutti colore che stanno lavorando per l'Expo di Yeosu 2012

저는 일본의 아이치 엑스포에서 이탈리아 파빌리온 설계에 참여하였던 건축가입니다. 엑스포와 함께하는 경험은 정말 멋진 일이라 생각합니다. 한국의 여수 엑스포와 엑스포의 모든 분들을 위해 응원과 행운의 메시지를 드립니다.

Alberto Riccioni (Italy) / 알베르토 리치오니, 건축가 (이탈리아)

●
僕にとって、1970年に大阪で開かれたEXPO '70は、特別なイヴェントでした。この万博は、幼少期の原風景として、今も強く、心に印画されています。この本が「未来のことを思い出す」ための、タイムマシンとなりますように。

저에게는 1970년도의 일본의 오사카 엑스포가 특별한 이벤트로 기억에 남습니다. 그 엑스포는 유년기의 아득한 풍경으로 지금도 아주 강렬하게 마음속에 남아 있습니다. 이 책이 여러분에게 우리의 미래를 떠오르게 하는 타임머신이 되어줄 수 있기를 바랍니다.

Iwasaki Masashi (Japan) / 이와사키 마사시, 교토조형예술대 교수 (일본)   www.iwsk.jp

●
因為有你，讓世界看見，因為這本書，讓我們聚在一起共享。來自台灣 曾奐中

이 책을 통해 우리는 함께하게 되었고 하나가 되어 세상을 볼 수 있었습니다.

Victor Tseng (Taiwan)　/　빅터 쳉, 건축가 (대만)　　http://blog.yam.com/JingHeID

●
国境を越えて人と人をつなぎ、共に希望の未来を創るための智恵を出し合う素晴らしい異文化交流・World Expo。
たくさんの人たちがこの本を片手に、笑顔でExpoを楽しめますように。

국경을 넘어 사람과 사람을 연결하고 모두 함께 희망의 미래를 만들기 위해 지혜를 모으고 서로 좋은 문화를 교류하는 세계 엑스포에서 많은 사람들이 손에는 이 책을, 얼굴에는 함박웃음을 지으며 즐겁게 보내길 바랍니다.

Akemi Takagawa (Japan)　/　아케미 타카가와, 사진작가 (일본)

●

弘大の公園で、ふしぎなメガネの少年にすれ違った。
彼はおもむろにオカリナをとりだすと、『いつも何度でも』を吹き始めた。
オカリナの音色が私のまわりを漂い、曇り空の中から あたたかい光が舞い込んでくる。私は何とも楽しい気持ちになって思わず微笑んだ。ひだまりに、オカリナの少年の背中が消えて行った。

서울의 홍대 앞 공원에서 이상한 안경의 소년을 스친 적이 있다. 그는 조용히 오카리나를 꺼내 '언제나 몇번이라도'를 연주하기 시작하였고 그 음색은 내 주위를 감싸 흐린 하늘로부터는 따뜻한 빛이 들어왔다. 즐거운 기분에 무심코 미소를 짓자 오카리나 소년의 등은 양지로 사라져갔다.

Momoyo Yasui (Japan) / 모모요 야스이, 사진작가 (일본)

●

Sono un artista, ho viaggiato molto e sono certo che l'Expo di Yeosu 2012 sarà un luogo di grande ispirazione!

저와 같이 여행을 즐기는 예술가들에게 2012년 여수 엑스포는 커다란 영감을 가져다줄 수 있는 장소가 될 것입니다.

Gabriele Garavaglia (Italy) / 가브리엘 가라바리아, 아티스트 (이탈리아)

- 世界を訪れる口実がある事はいいことです。楽しみにしています。

세계의 여러 나라를 찾아갈 '이유'가 있다는 것은 좋은 일인 것 같습니다.
엑스포를 즐겁게 기대하고 있습니다.

Yasuto Yura (Japan) / 야스토 유라, 교토동지사대학 교수(일본)

http://www.yurayas.net

- 世界中では今なお、戦争などたくさんの問題を抱えています。日本では昨年の東日本大震災からの復旧復興。
今回の万国博覧会で他国の技術の発展や文化を知り、そのことで他国への理解を深め、少しでも世界平和に繋がればと思います。World peace.

세상은 지금도 전쟁과 같은 여러 문제를 안고 가고 있습니다. 일본에서 있었던 동일본대지진의 복구에 대한 세계의 관심처럼 다른 여러 나라의 발전된 기술과 문화를 알아가며 이해를 하게 되는 이번 세계 엑스포는 우리들의 평화로운 세상과 연결되어 있다고 생각합니다. World peace.

Yumiko Nakagawa (Japan) / 유미코 나카가와, 여행가 (일본)

Contents 목차

프롤로그 세계 엑스포에서 놀아보기 13

S1 꿈을 따라가다 Dreaming People

꿈과 사람

01 사람과 사람 사이 Mega Event 20

02 엑스포의 아이들 A seed 34

03 미래로 가는 기차 Joyride 46

04 지구보다 커다란 이야기 Timegate 64

05 열려라 참깨! Beyond the door 80

S2 보이지 않는 공간(들) Invisible Space

춤추는 공간

06 표정이 있는 엑스포 건축 Expo Architecture 96

07 건축 공간들은 그릇이 되어 How to Exhibit 114

08 담는 것들의 소중함이란 Story of Contents 130

09 '흥'이 나고 '신'이 나야 엑스포다 Events of the World 146

10 우리는 길을 잃고 말았다 Take a Break 158

"세계 엑스포를
바라보고
즐기는 시선
20가지"

축제의 테마

S3 무지갯빛 테마 Colorful Theme

11 초감각적 엑스포 Touch and feel the Media 176

12 몸으로 논다 Play with your body 190

13 모든 것이 색 그리고 또 색 United Color and Space 202

14 시간 속의 빛, 공간 속의 그림자 Light becomes Shadow 220

15 나를 찾는 여행, 나다움에 대하여 Shortest Theme Trip 234

지구촌 이야기

S4 하나 되는 세상을 꿈꾸며 Just One World

16 평화로움이어라 Ordinary People 244

17 역사와 문화의 흔적 남기기 A Voice from History 252

18 문자와 언어, 공존의 열쇠 Secret of Character 264

19 엑스포의 수수께끼 Powerful Reason 274

20 비워진 당신의 자리 My Turn 284

에필로그 엑스포 여행, 지금 다녀오세요! 297

4가지의 세계 엑스포 여행테마

꿈과 사람
Dreaming People
엑스포를 찾는 의미

춤추는 공간
Invisible Space
엑스포 전시 공간의 구성

축제의 테마
Colorful Theme
주제와 공간의 연출 방법

지구촌 이야기
Just One World
엑스포가 남기는 가치

엑스포에서 놀아보기 展_示_空_間_紀_行 **Prologue**

"엑스포 디자이너가 들려주는 세계 엑스포의 공간 기행 이야기"

이 책은 엑스포라는 특수한 공간에서 '가볍게 노는 방법' 그리고 '다시 생각하는 방법'에 대한 책이다.

세계 등록 엑스포(registered exposition)의 경험이 없는 한국에서 2012년 세계 인정 엑스포(recognized exposition)가 치러진다. 대다수는 상업적 컨벤션(convention) 전시 위주의 국내 엑스포로 생각하거나 테마파크(theme park) 같은 유희공간의 선입견으로 방문하기가 쉽다. 이러한 생각으로 외향적 디자인에 현혹되어 간과하기 쉬운 세계 엑스포에 담겨 있는 콘텐츠 전후의 맥락적 가치의 잣대를 조금이나마 향상시킬 수 있으면 하는 바람에서 책을 기획하였다.
전문적 전시 공간을 기획하는 실무자로서 같은 시간과 발품에도 두세 배 이상의 공간 경험과 학습의 효용성 그리고 숨어 있는 의미를 재발견할 수 있다면 그 기쁨은 더할 나위가 없겠다.

건축 디자인, 전시 디자인, 환경 디자인이 유기적으로 공존하는 국제적 성격의 엑스포는 사전의 팁이 없이 방문할 경우 많은 사람이 밀집하는 현장 특성상 그 가치 발견에 손실이 생기는 복합적 전시 연출 구조를 가지고 있다. 지금까지 여러 세계 엑스포를 탐방하고 연구하면서, 국내외의 엑스포를 방문한 지인의 소감이나 인터넷의 블로그 등에서 실망과 오해 가득한 관람기가 사소한 시각의 차이나 마음가짐에서 역효과를 주고 있는 것을 발견하고 이러한 부분이 이번 우리나라의 엑스포에서는 좀 줄어들었으면 하는 마음을 갖게 되었다.

"내 인생에 단 한 번이라면,
한 번쯤 가보아도 좋은 곳."

국제적 규모의 엑스포의 경우 올림픽이나 월드컵과 같이 각자 평생에 있어 자신이 사는 곳에서 유치되거나 직접 가보는 경험을 할 수 있다면 그것은 엄청나게 운이 좋은 것이다. 실제로 100여 차례 이상 열렸지만 아직까지 아시아에서는 일본, 중국, 한국 외에는 유치된 적이 없다.

이 책은 몇 년 전 일본에서 열린 엑스포의 시각 자료를 새로운 관점으로 종합하여 엑스포 관람이 처음이며 전문가가 아닌 가족이나 친구와 함께하는 가벼운 여행에 있어 조금은 의미 있는 공부가 되게 하고 엑스포의 본질적 의미를 찾고자 하는 분에게 전시 기획자로서 공감을 주고 싶은 이야기 20가지로 구성되어 있다. 되도록이면 전문 기법이나 테크닉 중심이 아닌 관람자의 시점에서 이야기를 전개했다는 특징이 있다. 전체는 엑스포의 입장에서부터 퇴장까지 최대한 감정이입을 하여 현장의 공간감을 느끼도록 구성하였다.

160여 년 전부터 시작된 세계 엑스포는 21세기에 들어 상당히 새로운 양상으로 변모하고 있다. 식민지 시대 서구 열강의 유물론적 가치관과 사상에서 시작된 세계 엑스포는 물질이 중심이 아닌 인간 자체의 삶과 우리가 사는 지구가 주인공으로 자리하기 시작한다. 그리고 그 개념의 중심에서 동양적 가치관이 재조명 받는 현상은 우연은 아니라고 보인다. 이번 여수 엑스포를 찾는 세대 가운데에는 분명 우리나라에 처음으로 세계 등록 엑스포를 이루어낼 인재도 나올 것이라 생각한다. 그들에게 아주 작은 열쇠로서의 역할을 이 책이 했으면 하는 바람이 전해진다면 좋겠다.

십여 년 전시 관련의 실무를 하며 엑스포라는 우리네 장터 같은 떠들썩함이 좋아 기록하고 엑스포의 디자인을 연구하게 되었다. 앞으로도 어느 나라에서 하든 평생 동안 계속 지구촌에서 열리는 엑스포에 가볼 생각이다.

아이치 엑스포, 일본
2005

상하이 엑스포, 중국
2010

여수 엑스포, 한국
2012

What is EXPO

An exhibitions is a display which, whatever its title, has as its principal purpose the education of the public: it may exhibit the means at man's disposal for meeting the needs of civilization, or demonstrate the progress achieved in one or more branches of human Endeavor, or show prospects for the future.

1928 Paris Convention, Article 1

엑스포란?

엑스포는 명칭과 관계없이 일반 대중의 계몽을 그 주된 목적으로 하는 전시회를 말한다. 엑스포에서는 문명의 욕구를 충족시키기 위하여 인간이 활용할 수 있는 수단을 전시할 수 있고, 또 특정 분야 또는 제반 분야에서 인류의 노력으로 성취한 발전상을 전시하거나 미래에 대한 전망을 제시할 수 있다.

세계박람회기구의 최신 정보와 조직에 대한 정보
http://www.bie-paris.org

세계 엑스포의 역사에 관한 정보
http://www.expomuseum.com/

인터넷 버추얼 엑스포 사이트
http://www.the-expo.org/ http://expounlimited.se/

Stage 1
Dreaming People
꿈을 따라가다

01 사람과 사람 사이 Mega Event
02 엑스포의 아이들 A seed
03 미래로 가는 기차 Joyride
04 지구보다 커다란 이야기 Timegate
05 열려라 참깨! Beyond the door

01
사람과 사람 사이

Mega Event

세계 엑스포를 찾는 이유는 무엇일까?
우리는 오늘 많은 지구 사람들을 만나러 간다.

아주 커다란 행사

도시마다 사람이 자연스럽게 모일 수 있는 곳이 있다. 이 매력적인 공간들은 대개 강제적으로 만들어지지 않았으며 형성되는 데 중첩과 반복이라는 시간의 겹이 필요하다. 하지만 상대적으로 빠른 시간에 생겼다가 순간적으로 사라져버리는 것들도 있는데 이런 일시성이 있는 이벤트 가운데 세계적인 규모나 목적의 특성을 가지고 이루어지는 행사를 메가 이벤트(mega event)라 우리는 부르고 있다.

인간의 문명과 문화에서 나타나는 현재진행형의 공유점을 통해 이루어지고 있는 대표적인 메가 이벤트는 올림픽, 월드컵과 더불어 월드 페어(world fair), 즉 엑스포(exposition)가 손꼽아진다. 3가지의 공통점은 행사가 끝나면 마법처럼 사라지고 아련하게 우리의 기억 속에만 존재하게 된다는 점이다.

"신기루 같은 공간을 찾는다면, 그것은 엑스포."

Long long way to our world

> 그 옛날 고대 상인들 행렬의 이미지가 중첩된다.

군중의
두.근.거.림.이
옆 사람의 즐.거.움.이
어깨를
타고 전달된다.

넘치는 에너지
한여름 밤의 꿈

그곳은 기다림으로 시작하여 기다림으로 끝난다. 하지만 그 기다림 사이에 새로움과의 만남에 대한 설렘으로 모든 사람의 마음을 10년 정도는 어리게 만들어버리는 묘한 힘이 존재한다. 〈인디아나 존스〉 영화의 닥터 존스처럼 펄럭이는 커다란 지도를 옆구리에 끼고 카고 바지에는 생수병 하나, 색색의 스니커즈 끈을 자신도 모르게 힘차게 조여 매게 하는 그런 에너지를 받는 곳이다.

› 한여름의 지구 축제에는 낮과 밤, 안과 밖의 구분이 없다.

"사람 사는 냄새가 느껴지는 곳이 있다."

> 門前成市_ 긴 기다림 후에 엑스포에서 만날 수 있는 것은 무엇이었던가.

일상에서 찾는 설렘

재래시장이라는 곳이 나이를 먹을수록 가져다주는 느낌을 떠올려보자. 간단히 생각해보면 물론 아날로그한 공간적 상황에 대한 향수라는 것도 있겠지만 매뉴얼화되지 않은 삶에 대한 아련함, 바쁘다는 핑계로 버려둔 소소한 일상의 기억에 나 자신을 오버랩하고 일체화하고자 하는 본능의 즐거움이 가장 큰 것이 아닐까. 세대와 시대의 차를 불문하고. 살아가고 있구나라고 행복을 피드백한다.

세계의 어느 도시를 가더라도 만나게 되는 고유한 전통 시장이나 야시장들에 대한 인기나 그곳에서 경험하는 즐거움에서 유사하게 나타나는 코드가 있다. 분명 물건의 구매와는 관련이 없는 부분을 통해 타인과의 감성의 교류를 경험하며 이러한 공감을 통해 비로소 여행의 만족감을 느끼는 것을 보면 분명히 사람의 마음 한구석에 자리 잡은 내밀한 감성과 시장이라는 존재의 형식은 그 무엇인가에서 맞닿아 연결되어 있음을 생각해본다.

> 하나둘 모인 사람들과 삶의 에너지를 교환해보자.

에너지 발전소

내가 사는 곳 가까이에 일률적인 백화점이나 마트가 아닌 시장이 아직까지 있다는 것은 삶의 나름 행복한 일이다. 우리는 그것이 사라진 후에야 비로소 탄식하는 경험을 미련하게도 반복하며 살아가고 있다. 물론 마트에서 인간의 욕망만큼이나 거대한 카트에 이런저런 판매대를 찾아다니며 소유욕의 게이지를 올려줄 물건을 듬뿍 담는 재미도 내일에 대한 원동력으로 작용할 수 있겠지만 왠지 누군가에 의해 정해진 패턴의 행동을 내가 하고 있지 않나 느껴질 때 그 공간에 대해 살짝 거부감과 불쾌함을 경험한다. 인간의 삶은 일방향의 소비만이 목적이 아니므로 무의지의 공간 속 시간의 흐름에 대해 또 다른 방향을 지향하게 된다.

시장이라 하는 곳은 위치한 도시의 규모나 바닷가라든가 농촌이라든가 하는 장소의 특성에 따라 좀 더 다른 변수가 생기지 않았던가. 변수가 많을수록 다양성이 높아지며, 다양성이 높아질수록 흥미 있는 이벤트와 사건이 일어날 가능성이 높아진다. 신기하게도 이 부분에서 시장과 엑스포는 그 구조적 특성이 유사하다.

우리는 세상을 살아가며 여러 목적으로 의외의 장소를 찾거나 만들고자 노력한다. 인간은 살아가며 생성하는 자신의 작은 에너지의 불안정성으로부터 끊임없이 주고받고 서로 확인하는 작업을 필요로 하며 이에 필요한 공간들을 계속 찾고 만들 수밖에 없고 이러한 유전자들은 엑스포를 어떠한 형태로든 존속하게 하는 요인이 되는 것이라 생각한다.

"시장의 번잡함이 주는 장소성."

> 엑스포는 세계 각국의 일상을 교환하는 장터.

즐거움을 디자인하다

세계 엑스포는 매 회마다 정해진 주제와 목적을 대중과 공유 또는 전파하기 위해 사람들을 모으고 인류에게 새롭거나 필요한 것을 소개하는 주기능이 있다. 따라서 대상이 전 세계인이다 보니 보편적 관심으로부터의 행복한 즐거움을 바탕으로 하는 기획 및 개념을 통해 전개해야 하는 디자인적 배경을 갖게 된다.

21세기에 들어서는 인류 전체의 숙제와 같은 다소 무겁거나 자칫 어두울 수 있는 주제들을 엑스포의 무대에 올리기도 하지만 일관되었던 것은 커뮤니케이션(communication) 방법론에서 대중의 눈높이에 대한 보편적 가늠, 차별적이지 않은 유니버설(universal)한 전달 수단으로서의 전시적 기술의 사용을 염두에 두고 진행된 점이다.

▶ 가끔씩은 쉼표 _ 지친 다리를 쉬게 해주면서.

남겨진 기억

여기서 소개하고자 하는 일본 아이치 엑스포는 과거의 세계 엑스포와는 주제, 방법, 효과까지 약간은 다른 시각에서 기획되고 시도되었다. 많은 노력과는 달리 최초의 개념이 많이 상실되었다는 사후 기록을 보았지만 엑스포의 역사에서는 단초의 의미가 있고 객관적으로도 매우 성공적이었다는 평가를 받아 후속 엑스포의 새로운 기준과 사례가 되고 있기에 과거의 일이지만 가치가 있다고 생각되어 이야기의 소재로 사용하게 되었다. 물론 엑스포 특성상 아이치 엑스포도 그 순간 이후는 사라져버렸고 실질적으로는 존재하지 않는다. 기록으로만 남겨지고 그곳에 있었던 사람들의 기억과 추억을 통해서 회자되고 전달되겠지만 보이지 않는 느낌과 감성을 미래를 위해 서로 공유하며 도달하려 하는 것은 중요한 의미가 있다고 생각된다.

> 좋은 사람과 함께하는 좋은 경험의 순간들이 만들어진다.

오래된 미래

서두의 이야기처럼 우리가 누군가와 함께 시장과 같은 곳을 가려고 하는 이유는 소비의 1차적 목적을 제외하면 서로 다른 세대와 시대의 만남을 통해 묵혔던 혹은 필요한 교류를 시도하기 위해서가 아닐까 싶다.

가치관의 끝없는 변화는 방치했을 때 의지와 상관없이 소통에 대한 간극을 벌리고 만다. 스타일과 형식은 진화하더라도 본질의 상실에 대한 문제를 인간 스스로는 본능적으로 감지하기에, 새로운 메시지와 주제를 통해 사라짐에 대한 헛헛함, 그리고 우리 모두가 잃지 않아야 할 것들에 대한 다짐이 현재와 미래의 세계 엑스포에서 상위 개념으로 대두된다고 느껴진다.

20세기와 21세기의 경계로부터 엑스포라는 곳에서는 '새로운 것', '신기한 것' 보다는 '아쉬운 것', '돌보아야 할 것' 들에 대한 초점과 관심이 점점 확장되고 있다. 서양에서 시작된 엑스포가 동양의 가치관을 수용해야 하는 순간이다.

> 누구에게나 네버랜드 _ 입장과 함께 받은 지도가 허름해질 때까지 모험은 끝이 없다.

세계 엑스포, 그리고 일본

일반적으로 세계 엑스포의 계획과 진행에는 다양한 분야의 전문가들이 길게는 10년 이상의 준비 기간과 프로세스의 노력을 기울인다. 생각보다 호흡이 긴 행사이다 보니 부분적인 전략과 실제 적용은 다소 변하기 마련이다. 즉 내가 오늘 보는 엑스포는 밤하늘의 별빛처럼 오래전 생각에서부터 시작되어 지금 내 앞에 나타난 것과 같다고 할 수 있다.

1970년 오사카엑스포의 상징

세계 엑스포 역시 올림픽이나 월드컵처럼 일정한 주기를 갖고 계속 주기적으로 개최되어왔다. 세계박람회기구인 BIE(Bureau International des Exhibitions)에서 공인하는 엑스포 가운데 등록 엑스포(registered exposition)는 현재 5년마다 실시되고 있으며 일본은 아시아에서 최초로 1970년에 오사카 엑스포를 경험했고 그리고 다시 35년 후 이 아이치 엑스포를 치렀다.

▶ 엑스포의 추억을 담을 수 있도록 가방은 가볍게.

여수 엑스포 이야기 01

함께하는 여수 엑스포

▶ 엑스포의 주제가 함축되어 있는 심볼.

여수 엑스포의 공식 명칭은 2012년 여수세계박람회(International Exposition Yeosu Korea 2012)이다. 2012년 5월 12일부터 8월 12일까지 3개월 정도 진행되며 바다와 어울리는 여름의 계절감과 가족과 학생들에게 주어지는 특권인 방학이라는 시간적 메리트가 교차되는 시기이다. 엑스포 회장은 전남 남해에 인접한 여수의 여수신항 일대이고 전체 계획 부지는 177만㎡에 달하며 오동도를 포함한 바다를 고려하면 입체적인 공간감과 스케일은 과거 대전 엑스포와는 비교가 되지 않을 것이다.

엑스포에는 올림픽처럼 아이들과 일반인들에게 친근하게 다가가기 위해 심볼과 마스코트가 등장한다. 여수 엑스포의 상징은 지구와 해양의 조화 그리고 지구 생태계의 조화로운 어울림을 생각하여 디자인되었다.

여수 엑스포 관람포인트

전체 원의 조형은 인류의 삶의 터전인 지구를 상징하며 빨강은 바다와 육지에 서식하는 생명체 그리고 녹색은 생명체들이 더불어 사는 환경을 의미한다. 아울러 색상에서 파랑은 맑고 깨끗한 해양을, 가운데 흰색 물결은 연안에 흐르는 물을 상징한다. 한편 두 개의 마스코트의 몸은 여수의 지형, 촉수는 사랑, 손은 파도, 그리고 얼굴은 해양 생물과 물방울로부터 기본 개념을 가져왔다.

디자인 모티브는 생명의 근원인 플랑크톤에서 착안, 마스코트 안에 바다의 아름다운 빛깔을 담고자 하였다고 한다. 파랑은 맑고 깨끗한 바다, 이보다 짙은 파랑은 심해의 무한한 자원을 표현하고 빨강은 바다와 육지에 터를 잡고 살고 있는 모든 생명체를 뜻하고 흰색은 생명체들이 더불어 사는 순수한 환경을 상징한다.

> 친근한 마스코트 '여니'

호칭은 '여니(Yeony)' 와 '수니(Suny)' 로 '열림'을 뜻하는 '여니' 는 엑스포의 성공적 개최를 바라면서, '물' 과 '우수함' 등을 뜻하는 '수니' 는 수준 높은 엑스포가 되기를 기원하며 만들었다고 한다.

Expo Tip
1. 여수 엑스포 공식 주제가의 가사를 읽어본다.
2. 여니가 들어 있는 여수엑스포 한정판 기념품을 산다.
3. 정문 포토존에서 마스코트들과 사진을 찍는다.

02
엑스포의 아이들
A Seed

스스로 공부하는 아이들, 그들만의 놀이.

> 아이치 사토야마 전시장 숲 속에서 자연과 더불어 하는 체험은 아이들이 어른이 되어서도 그들의 아이들에게 물려줄 수 있는 좋은 기억이 된다.

> 엑스포 그 자체가 거대한 학교

"세계의 여러 가족의 모습에 나를 비추어보는 곳."

가족과 함께

연인, 친구, 동료와 같은 수평적 관계·성향의 그룹과 달리 가족은 수직적 특성이 있다. 서로 다른 세대의 개성과 시각에 따라 이런저런 의견이 나오고 조율되고 생각된다.

세계 여러 엑스포를 다니며 지켜보았던 기억을 더듬어보면 나름 어디서나 가족들의 작은 다툼을 보았던 것 같다. 오히려 엑스포를 다 관람하고 나서 서로의 관계를 다시 생각하게 되고 새로운 마음가짐으로 회장을 나온다면 그것만으로 큰 의미를 얻었다고 할 수 있을지 모른다. 관람 내내 많은 대화를 이끌어내고 그로부터 서로를 돌아보며 각자가 지나쳤던 여러 생각을 하도록 설계된 곳이니 당연한 결과가 아닐까 싶다.

이제는 인터넷이나 스마트폰 등 다양한 커뮤니케이션 도구들에 자리를 내주고 있지만 옛날 먼 거리에 떨어진 우리의 가족 간 대화를 연결했던 유선 전화기의 등장도 1876년 필라델피아 엑스포였다. 아이러니하지만 삶은 인간의 커다란 본질 속에서 끊임없는 자리 물림을 통해 진화해가는 것 같다. 물론 엑스포라는 무대를 통해서도.

직접 맞닿는 우리

예전에 우리 아버지들은 사람이 많은 곳에 가면 경쟁이라도 하듯 목마를 태워주곤 하셨다. 다른 부모님보다 더 높이 그리고 멀리 해주시고 싶은 마음이 아버지의 등과 목을 타고 전달된다. 반대로 아이들이 바라보는 세상과 풍경을 어깨 위 아이의 무게를 통해 아버지는 제3의 감각으로 느끼는 것, 묘한 공유의 방법이다.

단 몇 달이지만 엑스포의 광경을 다 담아보고 그 이야기를 평생 가족 간에 지속적으로 나눌 수 있다면 좋겠다. 아이 손의 풍선과 아버지 손의 솜사탕을 합하면 미래를 위한 경험과 감각의 안테나는 더욱 확장될 수 있을지 모른다.

"더 높이, 더 멀리 보고 느낀다."

big playground

> 놀면서 배우고 소통하도록 그대로 놓아두자.

아는 것 VS 모르는 것

각 세대 간의 매개로서 의미의 중요성을 갖는 우리의 아이들이 엑스포 디자인에서 포지셔닝(positioning)의 전부는 아니지만 기준으로서 적용됨은 사실이다.

"쉽고 간단하면서 감동과 메시지를 전한다." 는 디자인의 기본 전략은 여기서 시작된다. 하지만 불특정 다수의 전 세계인에 대한 세부적 포커싱(focusing)은 진행 과정에서 다수의 집단과 그룹의 의견을 수렴하며 전략적 또는 정치적으로 다듬어지고 재정립되기 때문에 10여 년 전의 개념을 발전시키며 구체화시키는 것은 그렇게 쉽지만은 않은 일이다.

직접 엑스포 작업을 하는 사람으로서 이런 부분이 간과되지 않고 많은 사람들의 공감을 얻을 수 있는 디자인적 촉수가 엑스포의 결과물 곳곳에 남아주길 원하지만 프로세스에서도 대세라는 것은 분명 존재하며 불가항력에 대한 현명한 판단이 항상 필요하다. 하지만 본능적으로 그러한 메시지를 남기거나 숨기는 것이 디자이너의 역할이고 이러한 부분은 사전에 그 힌트를 아는 것과 모르는 것에 엄청난 시각 차이가 존재한다. 은유법과 직유법의 차이라고 생각하며 숨겨진 힌트를 부디 많이 발견하길.

"엑스포에서 더욱 반짝반짝 빛이 나는 아이들."

our future, our children

> 엑스포에서의 시간은 자신도 모르게 흘러가 버린다.

표류하는 하루

이곳은 무수한 인파의 세상이다. 엑스포 박람회장은 장터처럼 사람을 끌어들이고 흡입하기 위해 존재한다고 하였다. 각자가 편하기 위해 한적한 엑스포를 바란다면 무척 이기적인 발상이며 반대로 실제 그런 곳은 상당히 외로울 것이다.

생각보다 많은 사람, 어른들조차도 길을 잃기가 쉽다. 계절적으로도 사소한 짜증의 요소들이 등장한다. 애써 준비한 시간 계획에 차질이 생기는 부모님, 다리가 아프기 시작하는 동생들, 지루하다는 형과 누나들. 의무적인 마음가짐은 이곳의 하루를 더 길고 지루하게 만들 가능성이 있다. 오히려 생각과 마음을 비우고 자연스럽게 인파에 몸을 맡겨본다. 가족은 하나의 뗏목, 우리는 오늘 하루 망망대해에 표류하는 조각배다. 더욱 손을 꼭 잡아보자.

"모처럼 가족 간에 손을 잡아볼 수 있는 곳."

> 이왕이면 더 높은 곳, 더 사람이 많은 곳으로 깊숙이.

여수 엑스포 이야기 02

우리가 만드는 엑스포

› 오래전부터 준비되는 세계 엑스포의 시설

여수 엑스포는 2007년 겨울, 프랑스의 파리에서 국제박람회기구(**BIE**) 총회를 통해 결정되었다. 140개 **BIE** 회원국의 투표로 모로코와의 경쟁에서 최종 결정되었는데 새로운 기술과 산업을 소개하는 것은 물론 지구의 기후 변화에 대한 해결책을 '살아 있는 바다, 숨 쉬는 연안'이라는 주제와 함께 콘셉으로 담아 좋은 평가를 받았다. 많은 회원국은 해양을 통해 기후 변화 등 지구의 환경 문제에 대한 답을 찾는다는 점과 이로부터 국제 사회의 공존과 협력을 도모하는 점에 공감을 했으리라 본다.

빙하가 녹으며 해수면이 높아지고 이로부터 섬이 바다에 잠기는 등 지구의 여러 나라가 기후 변화로부터 큰 위협을 받고 있다. 지구 전체의 생태계와 인간을 포함한 생명체 전체에 커다란 재앙이 될 수도 있다는 것은 이제 새로운 사실은 아니다. 공통의 위기의식과 고민 해소는 여수 엑스포라는 '환경 엑스

여수 엑스포 관람포인트

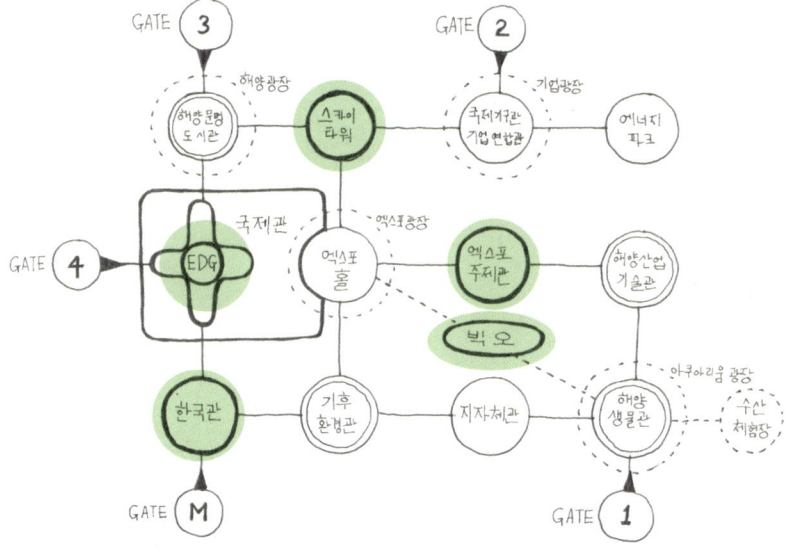

▶ 세계적으로 자랑할 만한 여수 엑스포의 핵심

포' 로부터 시작될 것이라는 기대감도 모두들 가지고 있다. 이 기간 동안 심도 깊은 고민과 다양한 논의를 통해 해수면 상승과 연안 오염, 생태계 파괴 등 지구 환경 문제 전반에 대한 대안을 모색하고 새로운 에너지 기술을 비롯해 생태계 복원과 해양 생물 자원 활용 기술을 선보이기를 기대하고 있다.

Yeosu EXPO Hot Item Best 5

빅오   엑스포갤러리   스카이타워   엑스포주제관   한국관

▶ 여수 엑스포에서 꼭 봐야 할 즐길 거리 5가지

여수 엑스포 이야기 02

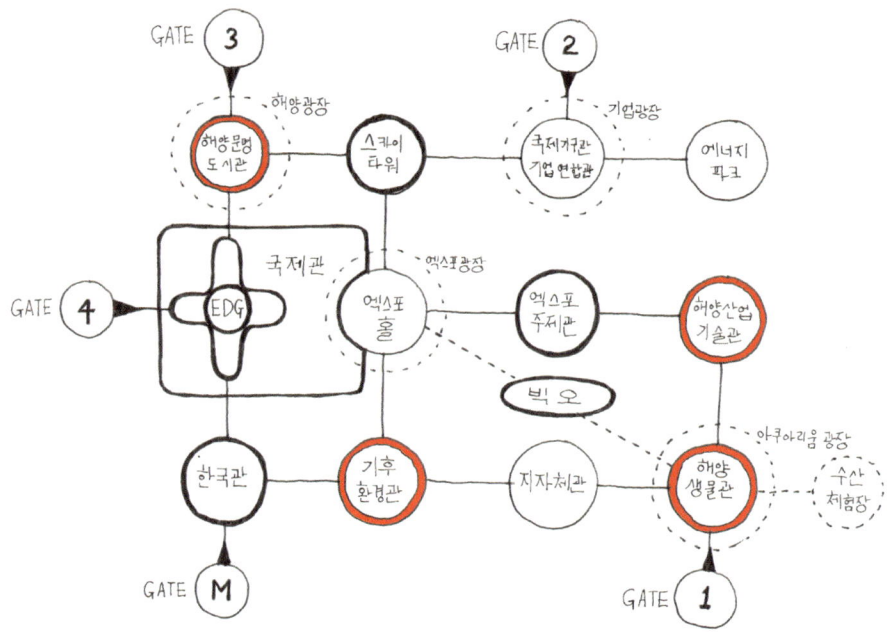

> 주제관을 도와주는 부제관들은 여수 엑스포의 꽃.

지구 온난화와 기후 변화를 고민하는 국가들이 모여 대책을 논의하는 글로벌 이벤트에서 여수와 대한민국이 새롭게 세계 환경 문제에 앞장서는 계기가 될 수 있기를 기대한다. 적극적이고 주도적으로 해결하는 자세와 방안을 제시하고 친환경 에너지 개발과 심해 기술, 해양 예측 기술 등 해양과 관련한 최첨단 기술에 국가적 위상을 높인다면 우리 모두에게 큰 의미로 다가올 것이다.

바다에서 열리는 대한민국 최초의 국제박람회기구(BIE) 인정 엑스포라는 점에서 지구 표면의 70%를 차지하고 있는 생명과 인류 문명의 기원을 다시 한 번 생각해보고 지구 생물체의 삶의 터전에서 식량과 자원에 대한 소중함을 되새겨보자.

여수 엑스포 관람포인트

Sub - Theme Pavilions

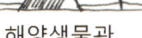
해양생물관

기후환경관

해양문명도시관

해양산업기술관

> 학습과 지식에 도움이 되는 4대 부제관

여수 엑스포는 우리가 잊고 있던 '바다의 소중한 가치'를 이야기하는 것이 기본적인 목적이다. 전 세계의 해양으로부터 그 가치와 역할에 대해 지구촌의 모든 사람들이 함께 고민하는 자리, 바다가 주는 아름다운 미래를 함께 꿈꾸고 공유하는 자리, 바다를 통해, 바다와 함께 우리 인류가 함께 공존하는 길을 찾아가는 자리를 우리 손으로 만들고자 한다. 해양 오염과 생태계 파괴를 반성하고 바다를 건강하게 지키자는 다짐의 마음을 모두에게 안겨주고자 준비된 이벤트이다.

> 모든 부제관들은 중앙의 빅오를 둘러싸고 있다.

Expo Tip
1. 인기관은 오전에 하나, 오후에 하나, 저녁에 하나가 적당하다.
2. 부제관은 서로의 공통 관심사가 일치하는 곳으로 선택하는 편이 지루하지 않다.

03
미래로 가는 기차

Joyride

글로벌 루프를 순환하는 트램은 걷는 것과 유사한 속도로 운행되었다.

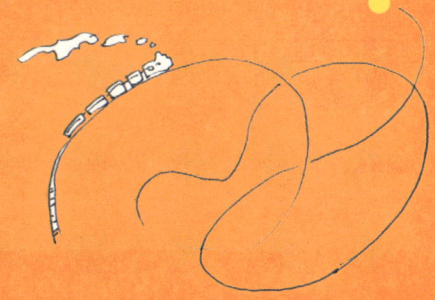

즐기며 배우기

전화기나 축음기가 처음으로 시연되고 영화라는 것이 일반 대중 앞에 첫선을 보였으며, 지금 편하게 사용하는 화장실의 시스템도 엑스포에서 처음 소개되었다. 다수가 사용하고 사회적 영향이 있는 기술과 문물이 일반적인 생활에 함께하게 되는 것에는 과정이 필요할 때가 있다.

1893년 미국의 교량 기술자였던 조지 페리스는 시카고 엑스포의 상징물 건축 공모에 당선되어 관람차(ferris wheel)라는 것을 만들게 된다. 지금은 아무것도 아닌 일이지만 당시에는 그렇게 커다란 움직이는 조형물을 계획한다는 것, 실험적인 시도를 쉽게 받아들이는 것이 어려워 첫 운행일에는 탑승한 사람이 거의 없었다.

▶ 제자리에서 높은 곳에 올라가길 원한다면 역시 관람차(ferris wheel).

아이치 엑스포에는 원더휠(wonder wheel)이라는 이름으로 50m 정도의 그렇게 크지 않은 규모의 관람차가 설치되었다. 크기보다는 전체 휠이 반은 내부, 반은 외부에 접하도록 계획하여 외부 관람 중심의 연출에서 내외부 공간을 넘나들며 체험하도록 하는 점을 개념으로 하였다. 먼 길을 운전할 때 간간이 나타나는 터널을 만나면 들어가는 순간과 나오는 순간의 대비가 주는 시각적 경험이 오히려 신선함을 기억할 것이다.

놀이공원의 유희 시설과 엑스포 시설의 근본적인 차이는 이렇게 같은 방법론에서도 계몽과 교육을 위해 진지하게 모든 것을 코디네이션(coordination)해야 한다는 것이다.

round & round

공간의 흐름을 따라

입장할 때 받은 가이드 맵(guide map)으로부터 가고자 하는 대략의 동선들을 결정했다면 첫째로는 큰 지형과 건물을 이용하여 방위를 계속 몸으로 인지하는 것이 좋다. 외곽 지역에는 돌아 나오기에 시간이 배가 걸리는 공간들이 존재한다. 둘째로는 오전과 오후 그리고 저녁 시간대에 참가하고자 하는 프로그램을 구분하여 선정하고 사전 예약이 필요한 곳을 오전에 가는 것이 효율적이다. 마지막으로는 개장 직후의 거점 공간은 사람이 적은 곳, 폐장 직전은 인기가 많은 곳으로 정하여 시간적 활용도를 높이고 체력를 고려하는 것이 좋겠다. 식사 시간 전후의 잉여 시간대에 잠깐 가볼 만한 소규모의 곳을 미리 리스트업하여 계획을 탄력 있게 구성해두어도 좋다.

엑스포의 디자이너들은 회장 계획의 마스터 플랜(master plan)에 따라 전체 축(axis)과 각 주제별 영역(area)을 유지하며 의도적으로 광장, 교차점, 병목점을 만들기도 한다. 예상되는 흐름에 따라 공간을 좁혀놓거나 반대로 광활하게 하여 사람들의 행태를 수용하며 전체적인 밀도가 최대한 쾌적하게 유지되도록 노력하여 계획한다.

기존 공간에 지형적, 지리적 문제점이 있었다면 초기의 배치 계획에서 가능하면 해결하기 위해 우회 루트나 반대로 특수한 아이템을 집어넣어 상쇄시키고 관람 피로도를 최대한 줄였을 것이다. 혹은 반대로 적극적으로 이용해야 할 특징적 공간 요소가 있었다면 전체 공간의 동질성을 해하지 않는 범위에서 클라이맥스 존(climax zone)의 효과를 부여했을 것이다. 소외될 수 있는 공간에서 의외로 좋은 연출과 전시를 만나기도 하는 것은 최초의 마스터 플랜을 계획하면서부터 전체의 공간적 흐름에 인간을 중심으로 기능성과 유동성을 주고자 많은 검토를 하기 때문이다.

> 엑스포 회장 전체 배치 계획의 특성을 살펴보자.

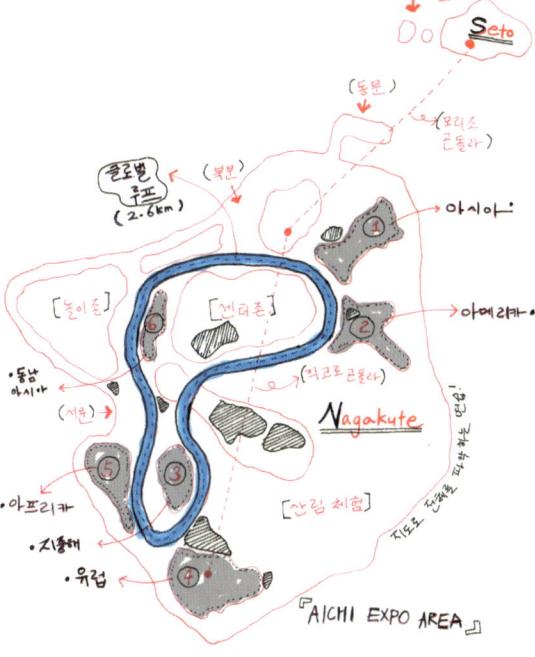

flying city

> 지상뿐만 아니라 공중으로 이동하면 또 다른 엑스포의 풍경을 접하게 된다.

미래를 만나다

아이치의 회장에서는 무인궤도차(IMTS)가 전시장 구석구석의 발이 되어주었다. 원류가 되는 기관차는 1851년 런던 엑스포에서 처음 소개되어 현재까지도 운송수단으로서 다양한 목적으로 사용되고 있으므로, 100년을 넘은 역사와 시간에 대해 생각하며 타본다면 눈을 스치는 풍경과 머릿속을 스치는 풍경이 좀 다르지 않을까 싶다.

현재 눈앞에 펼쳐지는 광경 외에 책에서만 보았던 인간과 역사적 사실에 대해 연결하고 상상해본다면 일상에 돌아간 후에 각자의 마음속에 그려진 엑스포는 그 몇 배로 존재하겠지. 그리고 시간이 흐를수록, 또 미래로 향할수록 점점 자라날 것 같다.

> IMTS (intelligent multimode transit system)

낯선 경험

아이치의 엑스포 전시회장은 크게 두 군데(나가쿠테 전시회장과 세토 전시회장)로 나누어 계획되었다. 메인 회장은 일반적 엑스포의 기능을 하고 서브 회장은 숲 속 환경에서 '교육과 체험'에 집중할 수 있도록 역할을 나누어 설계한 것이 기존의 엑스포와 커다란 차이점이다.

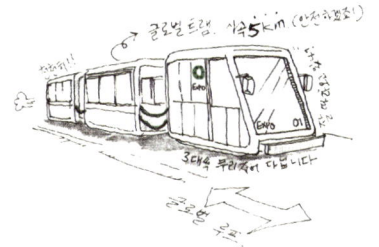

두 공간은 공중으로 연결된 모리조 곤돌라(나가쿠테역과 세토역을 왕복)에 탑승하여 이동한다. 지상의 공간 안에서 선형 연결에 무인궤도(IMTS)를 설치하고 곤돌라는 최대한 숲의 파괴를 하지 않으며 공중에서 숲 위를 가로지르며 광활한 엑스포 전체를 둘러볼 수 있도록 하였다. 이동하면서 자연 속에 인간이 만든 인공의 공간과 그 안의 사람들을 전지적 시점에서 바라보는 것 같은 낯선 경험을 하게 된다.

" 미래의 Lifestyle이 시연되는 곳 "

> 엑스포에서 소개된 테크놀로지들은 빠르게 상용화되어 우리의 도시와 일상에 나타난다.

숲 속의 산책

아이치 엑스포의 마스터 플랜에는 즐겁고 느리게 걷기 위한 배려가 가장 핵심에 있다. 전시장 전체를 순환하는 2.6km, 폭 21m의 공중회랑은 글로벌 커몬(global common)이라는 파빌리온(pavilion)의 단위 6개를 연결하고 있다. 글로벌 루프(global loop)라 부르는 이 동선 계획은 가까이 가서 들여다보는 직접적 관람행태 외에 원거리에서 자연 자체와 건축물들을 오버랩(overlap)시켜 차분히 걷고 생각하게 하는 '숲 속의 산책'을 경험하도록 고려한 계획이다.

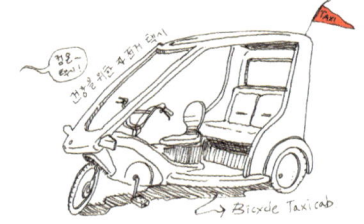

나무로 만든 다리를 걸었던 언젠가의 기억을 나의 다리는 하고 있을 것이다. 그 두 발로 직접 수많은 사람과 건물 위를 구름처럼 걷는 기분을 느낀다. 정복에 묘미가 있는 산행처럼 신체의 물리적 이동도 물론 중요하지만 하나의 공간에 일시적으로 자신을 이입시키는 것도 공간 경험에 있어 매우 중요하며 오히려 쉬어가며 관조하며 생각하는 순간순간들의 조각들이 엑스포의 의미를 나중에 더욱 곱씹게 해주지 않을까 하는 생각이 들어 아이치의 공중 산책로는 더 빛이 나 보였다.

> 첨단 기술과 아날로그가 공존하는 조화로운 세상을 꿈꾸어본다.

미래 실험실

우리는 도시의 인프라스트럭처(infrastructure)로서 수소연료전지버스(FCHV)와 리니어모터카 시연을 아이치에서 만날 수 있었다.

인프라스트럭처는 실생활에 정착하기 전에는 구성적 측면에서 테스트라는 것을 하기가 쉽지 않다. 세계 엑스포 행사는 규모적 특성에서 도시 일부의 스케일을 재현할 수도 있기 때문에 도시 단위의 실험이 가능하기도 하다.

따라서 세계 엑스포의 규모를 가능한 한 일정한 면적 이상을 유지하도록 하는 것은 여러 가지의 도시적 실험과 도전이 가능하기 때문이라고 생각한다. 패러다임(paradigm)을 순간적으로 간단히 바꾸는 신기술이 등장하기도 하지만 파급되기 직전의 프로토타입(prototype)들이 몇 차례의 엑스포에서 업그레이드를 하며 여러 번 나타나기도 하는 것은 이러한 맥락이다. 인류의 삶의 질을 바꾸는 것은 하나하나의 개별적인 물건도 있겠지만 공기와 같이 우리의 삶에 녹아 있는 공공의 기반 시설, 편의 시설에도 있다. 기존의 라이프스타일에 갑작스러운 충격이나 반향을 주지 않고 실질적 효과가 자연스럽게 국가적으로 세계적으로 전파된다면 보다 안정된 삶이 가능하지 않은가. 이렇게 보이지 않는 곳에서 차근차근 많은 단계와 시간을 가지고 다양한 실험과 시행착오와 더불어 우리의 삶에 어느 순간 그것들은 살포시 나타나는 것이다.

 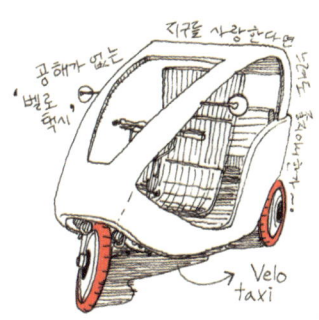

> 다양한 탈것에 몸을 싣고 어디로 향할지 또는 어디서 만날지를 정해보자.

변화되는 풍경들   엑스포 열차 창밖으로 스치는 풍경.

엑스포의 공간에는 당연한 이야기일지 모르지만 여러 가지의 높고 낮음이 율동감 있게 존재한다. 첫째는 지형적 형세의 경사 차이, 두 번째로는 건축적 스카이라인(skyline)의 리듬 차이, 마지막으로는 공간 구조에 의한 레벨 차이이다. 이러한 차이들은 거대한 다리로 연결되기도 하고 계단이나 슬로프(slope)를 필요로 하기도 하며 엘리베이터나 에스컬레이터로 기능적 구성을 하기도 한다.

수평적 이동의 조망보다는 수직적 이동의 조망에서 더 다이나믹한 경관을 만나게 되는데 항상 현 지점에서 반대 지점으로의 뷰포인트(view point)를 상상하고 사전에 머릿속에서 상상으로 그려본 후에 원하는 곳으로 이동하는 것도 재미있는 관람계획의 기준이 될 수 있다.

등산 혹은 트레킹을 진행할 때 우리는 코스의 험준함과 분위기에 따라 펼쳐질 경관을 미리 예측하고 좋은 전망의 쉼터를 적절하게 직감적으로 지정하지 않던가. 분명 그러한 예측은 엑스포에서도 맞아떨어진다. 왜냐하면 아름답고 지루하지 않은 경관의 연속성을 위해 엑스포의 조경 디자인에서는 이미 조망축의 콘셉을 여러 가지로 설정하고 이동 경로에 포함해두었기 때문이다.

› 높거나 알기 쉬운 곳을 정하면 서로 만나기 쉽다.

변화되는 계획들

사람의 마음은 실시간으로 변하기 쉽다. 계획은 오로지 기준일 뿐 바꾸기 위해 존재하지 않던가. 실제 관람 중의 사이트(site)에서는 최초 가고자 하는 곳을 스칠 수밖에 없거나 갔던 곳에 다시 가서 재확인하고자 하는 유혹의 변수가 존재한다. 조급한 목적으로 관람의 흐름과 방향성에 심리적 갈등을 증가시키는 것보다는 자신들만의 관람 페이스(pace)가 중요하다.

목적성의 주객이 전도되면 즐거움이 함께 적절히 녹아나는 생생한 경험과 체험보다는 마치 '시찰' 과 같은 딱딱한 움직임이 자꾸 발생하여 소소한 디테일(detail)로부터의 재미를 놓치게 된다. 그럴 때에는 항상 바로 옆에 함께하는 사람과 여유 있게 눈을 다시 마주치고 엑스포에 온 근본적인 이유를 생각할 필요가 있다.

천천히 지도를 같이 펼치고 목적지의 이슈(issue)와 토픽(topic)에 대해 이야기를 해가며 지금 타고 있는 열차나 인력거에 그냥 몸을 맡기고 바람처럼 가는 거다.

마음에 드는 곳에서 내리기.

> 숨겨진 나만의 비밀 장소만들기

정해지지 않은 길

기다란 줄을 서서 드디어 엑스포 내부로 입장하면 문 넘어 우리를 기다리는 것은 다양한 탈것이다. 진입 부분의 일시적 머무름으로 인한 정체를 빠르게 여러 방향으로 신속하게 순환시켜야 하기 때문에 교통에 대한 대책이 메인 게이트에 집중적으로 계획된다. 우리 신체의 피를 심장이 경쾌하게 순환시켜야 일도 운동도 즐겁게 할 수 있고 몸이 건강한 것처럼 엑스포 메인 게이트 주변 주요 교통의 요지는 무척 바쁘고 번잡하다.

예상보다 돌아보아야 할 곳이 넓거나 길고 각자의 스케줄과 취향에 따라 자신이 퇴장하고 싶은 게이트로부터 반대 게이트로부터 관람을 시작하기도 하므로 무엇을 타고 어디로 갈지, 가이드 맵을 통해 사전에 리스트를 작성해놓거나 주변의 상황에 따라 신속하게 판단을 할 필요가 있다. 날씨, 요일별 특성이나 관람 시기의 시즌 상황에 따라 중요 대중교통 수단 앞에는 사람이 엄청나게 많으므로 적당히 도보로 움직이다가 탑승하는 것도 나쁘지는 않다. 단지 큰 영역을 움직일 시점 전후로 동선이 반복되거나 이동의 중첩이 일어나지 않도록 하는 것이 심리적으로도 피로가 적다.

의외의 우연한 만남들을 기대한다.

> 소소한 배려들, 작지만 엑스포 여행의 참맛이다.

시공간의 움직임

일정한 궤도를 형성하는 탈것 가운데 순환열차 이외에 앞서 이야기한 관람차라는 것이 엑스포에는 전통처럼 상징적으로 설치되기도 한다. 전자가 점과 점을 선으로 연결하는 수평적 이동의 대표라 한다면 후자는 원형의 궤적을 그리는 수직적 이동의 대표적 수단이다. 선적 이동을 하며 스쳐가는 경관의 시퀀스(sequence)를 감상할 것인가, 회전을 하며 360도의 파노라마(panorama)를 감상할 것인가는 우리의 선택이다. 어떤 형태의 변화와 운동이든 공통적으로 이동하고 움직이면서 물리적으로 '공간의 변화'와 '시간의 변화'를 동시에 가져오니 이 변화의 시각이 주는 경관의 즐거움을 비교해보자.

내가 움직이게 되는 것, 즉 나의 감각이 시공의 변화 속에서 동시에 감응하는 것은 그 변화만큼 반응과 감동의 흔적과 여운을 마치 영화와도 같이 장면과 장면으로 만들어 남겨줄 수 있기 때문에, 전시 연출적 측면에서는 운동성이 있는 장치는 스토리상 핵심 콘텐츠의 전후로 인접시키거나 중첩되도록 배치하여 감각의 지속성을 유도한다.

> 하지만 이 모두가 엑스포가 끝나면 사라지고 만다

여수 엑스포 이야기 03

새로운 바다 세상으로 떠나자

> 이렇게 많은 내용을 하루 만에 다 보는 것은 불가능하다.

여수 엑스포의 메인 테마인 '살아 있는 바다, 숨 쉬는 연안(The Living Ocean and Coast)'은 미래에 인류 생존과 직결되는 바다에서 자원을 비롯하여 자연의 지속 가능한 이용이 유지되어야 한다는 전제로부터 해양 오염의 심화와 해양생태계의 파괴, 그리고 해수면 상승 등 해양에서 일어나는 재난들이 이제는 특정 국가만의 문제가 아님을 모두에게 공감하게 하고자 만들어졌다. 전 세계가 겪는 바다의 문제, 이로부터 인류 공동 과제의 구체적인 대안들을 모색하고 바다의 생명력을 찾아주고자 하는 주제를 중심으로 여수 엑스포는 기획되었다.

핵심 주제로부터 3가지의 세부적인 주제를 가지고 진행되었다.

여수 엑스포 관람포인트

첫 번째는 '연안의 개발과 보전(Coastal Development and Preservation)'의 주제이다. 기후 변화에 대응하는 세계 국가 간의 새로운 협력을 이끌어내고 개발과 보존이 함께하는 패러다임을 제시하기 위해서이다. 인간의 무분별한 이용으로 크게 훼손되어가고 있는 바다 환경을 지키는 것이 인류의 행복을 지키는 것이라는 단순하면서도 자명한 메시지를 세계에 알리고자 하며 찾아와준 모든 관람객이 동참하고 실천해야 할 부분이기도 하다.

두 번째는 '새로운 자원 기술(New Resource Technology)'에 대한 주제이다. 바다는 육지의 공간이 부족하고 한정된 자원이 고갈되며 환경 오염 등의 문제가 더해갈 경우 해결할 수 있는 대안으로 손꼽아진다. 바다를 현명하게 이용하기 위해 바다 자원을 보존하면서 인류 사회를 윤택하게 하기 위한 기술에 대한 연구와 공유가 국가 간, 기업 간, 학교나 연구기관 사이에 활발하게 이루어지길 기대하고 있다.

마지막 세 번째는 '창의적인 해양 활동(Creative Maritime Activities)'에 관한 주제가 있다. 바다를 중심으로 하는 인간의 교류가 문화와 예술 등 다양한 형태로 표현되어 새로운 '해양시민상(sea-tizen)'과 '해양 문화(sea-vilization)'를 제시했으면 하는 이상으로부터 추진된다. 인간은 바다를 통해 문명을 발전시켰으며, 끊임없이 바다로부터 인간은 영감을 얻어왔다. 여수 엑스포는 바다와 인간의 만남을 문학과 미술, 영화와 공연 그리고 다양한 행사 등을 통해 소통하고자 하며 찾아오는 모든 사람들에게 훌륭한 교육의 장으로서 기능하기를 바라며 계획되었다.

여수 엑스포 이야기 03

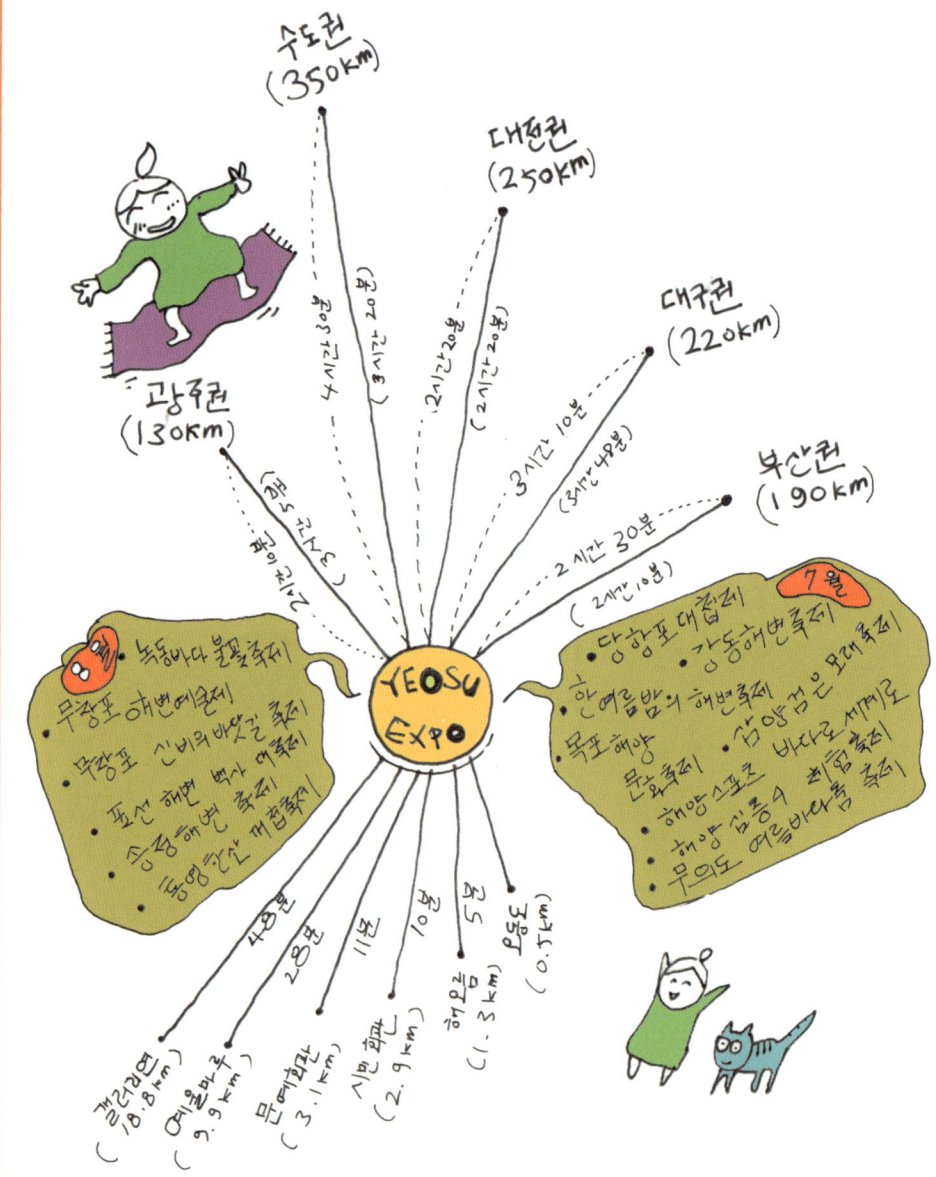

> 남해안의 정취를 두루 즐길 수 있다. (자동차와 기차로 걸리는 시간)

여수 엑스포 관람포인트

> 엑스포 여행은 우리의 마음을 충만하게 해준다.

여수 엑스포는 인간의 고향인 바다에서 새로운 공존의 해법을 찾고자 하는 작은 시도이다. 환경 문제를 인간의 힘으로 스스로 함께 극복해나가려는 목적을 통해 인류, 국가, 지역이 이루고자 하는 문제의 답들을 2012년 여름 대한민국에서 실험하고 찾아가는 것을 도와주는 것이다. 이러한 과정 속에 남해의 지역 발전과 국가적 균형 발전이 수반되길 기대한다. 세계 엑스포의 키워드로는 흔히 사람, 감동, 평화 등이 언급된다. 사람과 바다가 한데 어우러지는 엑스포, 즐거운 재미와 감동이 있는 엑스포, 기술을 통해 새로운 미래를 꿈꿀 수 있는 엑스포, 국제 사회가 조화롭게 어울릴 수 있는 평화의 엑스포의 모습이 긴 시간 동안 여수 엑스포를 준비한 사람들의 마음속에 그려진 엑스포의 꿈이며 모양이겠다.

Expo Tip
1. 엑스포의 주제는 '세계적'으로 결정된다.
2. 가족들과 친구들과 엑스포 3대 주제에 대해 토론해보자.
3. 다음 세계 엑스포의 주제에 대해서도 생각해보자.

04
지구보다 커다란 이야기
Timegate

엑스포에 가는 이유 하나.

미래를 보는 눈, 세상을 이해하는 마음.

숨어 있는 기술

엑스포 사이트 안에서 이동하거나 쉬면서 접하는 크고 작은 여러 장소에는 실질적인 기술의 시연도 직간접적으로 체험을 할 수 있도록 준비가 되어 있다. 태양광과 연료전지를 이용해 물의 공연에 사용되는 분수의 발전을 하거나 풍력 발전에서 나오는 전기를 야간 경관 조명에 전력으로 사용하는 것도 여기서는 쉽게 발견하게 된다.

요즘은 많이 익숙해진 **3R**(reduce, reuse, recycle)의 개념도 이렇게 엑스포에서의 실험을 통해 대중에게 더 가까워질 수 있었다. 특히 아이치에서는 공공 공간이나 관람 준비를 위한 대기 공간에 기화를 통한 냉각 시설을 설치하여 당시 여름의 덥고 습한 환경에서도 산뜻한 관람 분위기를 만들어 찬사를 받았다. 그 외에도 재활용 재료와 신기술을 통한 공조 기술과 냉난방 기술이 상업적 전시처럼 인위적으로 디스플레이(display) 되는 것이 아니라 관람객들이 지나다니면서 쉽게 발견할 수 없는 곳에 숨어 쾌적함을 제공하였다. 이렇게 진정한 가치의 기술들은 유심히 찾아야 보이는 곳에서 그 역할을 묵묵히 다하고 있었다. **NEDO** 파빌리온에서는 **MIRAI**라는 로봇이 관람객을 반기며 최첨단 테크놀로지를 3차원 영상으로 소개했고 파빌리온 옆의 신에너지 발전소에서는 엑스포 전시회장의 음식물 쓰레기와 태양광을 이용한 친환경 에너지 발전으로 자체 전력을 충당하고, 이를 견학하는 프로그램을 준비하였다.

▶ 이상적인 기술과 문화의 공존을 꿈꾼다.

기업의 참여

기술 집약의 전시는 주로 '기업관'에서 많이 찾아볼 수 있다. 기업의 자본에 의해 풍성한 전시 환경 구축이 가능하고, 협찬을 통한 직접적 홍보는 기업의 이윤으로 재순환된다. 아울러 기업의 엑스포 참여를 통한 이미지 환기는 좋은 마케팅 수단으로 사용되고 있다.

예를 들면 미쓰비시 기업의 '미래관'은 전시 콘텐츠로는 우리에게 친숙한 달을 소재로 하여 시어터형 전시관에서 영상 기술과 기초 언어를 구사하는 도우미 로봇을 소개하였다. 건축적 측면에서도 구조용 기초를 사용하지 않고 저가의 건축 구조재로 파빌리온을 설치하여 유익한 기술을 홍보하였다. 재활용 페트병으로 식재를 하거나 옥상과 벽면 녹화로부터 에너지 절약과 온실 가스 배출감소에 일조를 하니 기업의 입장에서는 일석이조의 효과를 얻어 참여의 의미가 더 높아진다. 도요타 그룹관은 폐지 재생지로 내부 마감을 하고 풍력발전기로 전기를 공급하였다. 360도의 독특한 스크린과 악기를 연주하는 로봇을 소개하였다. 히타치 그룹관의 파사드(facade)는 계곡과 강이라는 자연의 이미지를 차용했다. 문명과 자연이 조화됨과 희귀한 멸종 위기의 동물에 대한 공익 영상을 보여주었다. 미쓰이 도시바관의 건물은 외부의 루버에 물을 흘러내리게 하는 아쿠아벽을 준비하여 자연 통풍과 자연 채광으로 자연 에너지의 소중함을 전달한다.

› 하늘로 향한 손짓. 붉은 제등 안에는 카라쿠리 인형이 숨겨져 있다.

"환경적 기술,
기업의 미래."

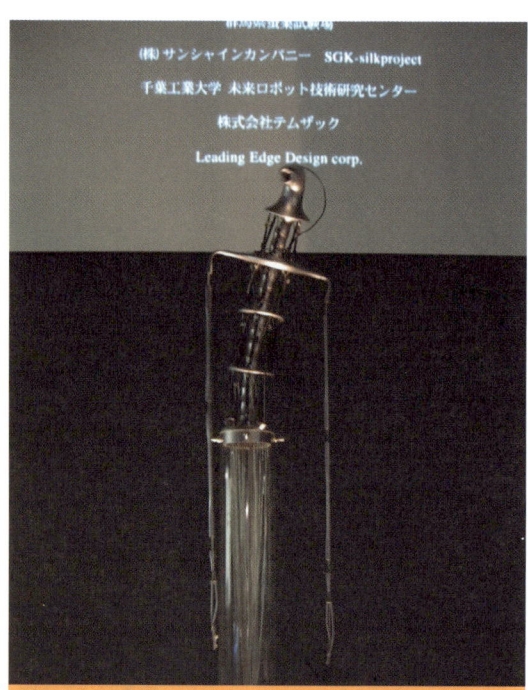

" 엑스포의 주제에는
미래에 대한
인류의 미션이
담겨 있다. "

▶ 시간을 위한 톱니바퀴,
   세상을 지탱하는 원동력.

엑스포, 미래의 열쇠

심각해지는 자원과 환경에 대한 여러 가지의 문제로부터 현대의 엑스포 역시 점점 무형의 이념과 근본적인 사고의 방법에 대해 함께 고민을 하고자 노력한다. 국제박람회기구인 **BIE**도 엑스포의 테마에 따라 각 국가가 이끌 수 있는 선도적 역량과 고유의 특성 그리고 이로부터 유추되는 간접적 파급 효과나 지속 가치가 있는 본질의 공유와 같은 국제적이고 복합적인 고민 아래에 엑스포 시행의 주최국 선정을 점점 면밀히 하는 경향을 보여주고 있다.

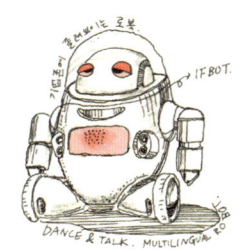

과거 70년대에 접어들면서 엑스포는 인간성 회복과 환경의 문제를 다루는 방향으로 변화된 시점이 있었다. 1982년 미국 녹스빌 엑스포의 주제는 '**World Energy Resource**'로 쓰레기가 산재한 쓸모없던 지역에 엑스포를 유치하여 변화시킨다. 녹스빌 지역은 엑스포를 통해 이후 경제 개발과 함께 국제적인 명성까지 얻게 되었다. 이후 1984년의 도시 속 하천을 주제로 한 뉴올리언즈 엑스포에서는 경제적으로 뒤처진 지역 개발을 위해 엑스포 주요 건물을 컨벤션 센터로 이용하였으며, 국제관을 엑스포 이후에 쇼핑센터로 활용하여 환경적 측면을 고려하고 경제적 수익까지도 성공시켰다. 21세기에 들어 처음 열린 독일의 하노버 엑스포에서는 가변적이며 해체가 용이한 건축 방법이 다양하게 활용되었고 아이치 엑스포 또한 기간 동안 사용한 친환경적 시스템들을 엑스포를 마친 이후 다른 곳으로 이전하여 재사용했다.

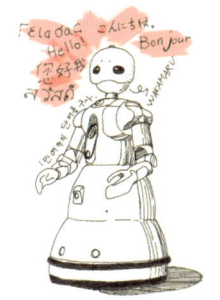

> 아이들의 작품 속에서도 지구에 대한 귀여운 생각이 한가득.

불확실한 미래를 고민하면서 핵심적인 엑스포의 개념이 점차 동양적 가치관에 기반을 둔 시각에서 추진되고 확대되고 있다는 것을 최근 엑스포의 주제들의 변화에서 알 수 있다. 따라서 일본과 중국 그리고 한국이 보여주는 엑스포의 과정과 결과로부터 많은 사람과 나라들은 미래의 엑스포가 갖는 의미와 해석에 대한 방향성을 찾을 것이라고 생각된다. 그리고 그것은 지구 전체의 답이 될 것이라 기대한다.

"모여 사는 글로벌 빌리지,
함께 사는 지구 공동체의 의미를
엑스포에서 찾아보자."

작은 지구

세계 엑스포에서는 각 국가들의 참여를 어떤 방식으로 이끌까 하는 개념과 그들이 정체성과 조화성을 최대한 발휘하게 하는 국가별 파빌리온(pavilion) 배치 계획이 가장 우선시된다.

아이치는 하나의 자연을 공유하는 지구촌, 즉 '글로벌 빌리지(global village)'라는 개념으로부터 국가 간의 유대, 관계와 동질성의 회복을 배치의 핵심 개념에 넣고 각 나라의 국가관 120개를 집중적으로 응집시켜 글로벌 커몬을 구성하였다. 주변으로는 엑스포 테마를 이끌어가는 센터존, 체감존, 놀이존 그리고 각 기업존을 배치하고 이 외 사토야마 산책존을 설치하여 원시적이지만 본질적인 개념으로 하나의 공동체로서의 완전한 기능을 상상할 수 있는 '마을'이라는 개념을 더하였다. 자연에 대한 동양적 해석과 감성적 체험에 대한 배려, 4개의 국제관을 글로벌 커몬 안에서 서로 유기적으로 관계하고 참여하도록 한 구성들이 자연과 맞물려 있는 하나의 작은 생태계 혹은 지구 공동체로서의 단위로 연상이 된다.

> 세계 엑스포에서는 새롭고 다양한 과학 기술, 인류의 진보에 대한 소개가 등장한다.

엑스포에서 우리가 찾아가는 생각의 조각들이 미래의 언어로 조합될 것이다.

남겨진 것의 의미

서양적인 기계 문명의 가치와 발전의 상징이던 파리의 에펠탑은 150년 전 파리 박람회의 정문으로 만들어진 임시 조형물이었다. 많은 비난과 찬사 속에 건설되었고 엑스포 후 철거 예정이던 것이 현재까지도 존속하고 있는 것이다.

에펠탑이 없는 파리를 쉽게 이야기할 수 없는 것처럼 엑스포의 사후 계획은 의외의 결과를 가져오기도 한다. 지금도 매일 사람들이 그 앞에서 눈을 감고 150년 전 파리를 상상해볼 수 있다면 분명 과감히 철거하지 않고 남겨둔 의미의 가치를 쉽게 한정할 수는 없을 것이다.

근대 역사의 흐름 속에 현대의 사람들은 마치 축제처럼 약속한 시기에 한 번씩 엑스포라는 행사를 만들고 또 떠들썩하게 모인다. 엑스포 역사의 기록을 보면 초기에는 일회성 혹은 다음을 예측하지 못하는 상황에서 시작된 듯하다.
이제는 하나하나 축적된 모든 것들이 제법 자연스럽게 연결되어 현재를 사는 우리와 우리의 후손들에게 과거와 미래를 연결해주는 무형의 타임캡슐과 같은 존재가 되어가며 보이지 않는 열쇠로서 역할을 할 수 있다는 생각이 든다.

"엑스포의 모든 것이 다 사라지는 것은 아니다."

▶ 엑스포가 만드는 시간의 흔적들은 무형의 타임캡슐이 되고 있다.

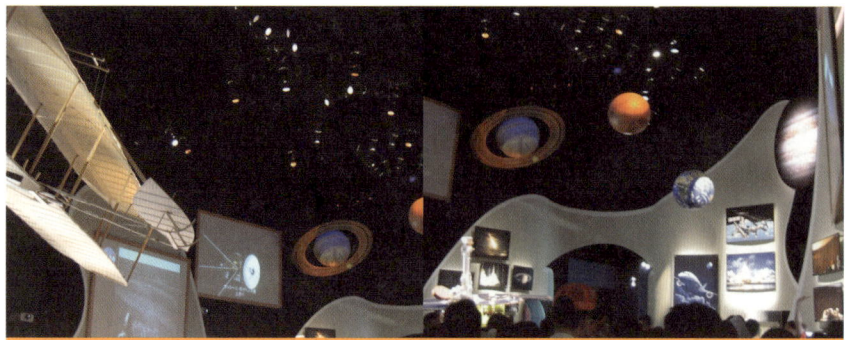

그.래.서. 우리는 '같은 미래'를 향하게 된다.

▶ 누적된 기술의 발전사를
한자리에서 볼 수 있는 유일한 기회.

조화와 공존

나가쿠테 아이치켄관에서 아이치의 장인정신이라는 테마로 태엽 장치의 기술을 구사한 모뉴멘트(monument)를 우연히 만났다. 정신의 표상과 기술이 함께 공존하며 상보적으로 해내야 할 역할에 대한 상징이라고 생각된다. 지구를 공유할 마음과 자세에서 앞으로 동양적 사상을 바탕으로 보여줄 수 있는 기술에 대한 의무와 자세, 동시에 겸허함을 조용히 그 앞에서 느낄 수 있었다. 지구는 모두가 함께 생각해야 할 존재.

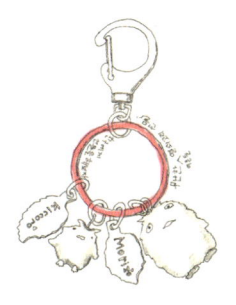

"미래와의 연결 고리가 되는 이벤트."

여수 엑스포 이야기 04

엑스포의 신기술과 만나자

1_ 해양산업기술관 Marine Industrial & Technology Pavilion

지상 1층으로 이루어진 해양산업기술관은 '바다에 답이 있다' 라는 주제 아래에 4개의 공간으로 나누어져 있는데 대기공간(로비)에서 순서를 기다리면 프리존(오리엔테이션 공간)으로 안내가 되며 메인존(바다가 주는 선물)을 경험하고 포스트존(해조류 기술)을 체험하는 순서로 관람을 하게 된다. 깊은 바다의 신비로움을 은유적으로 표현한 '해조류 월' 을 지나 인류의 해양 산업기술을 보여주는 무대 연출과 영상, 퍼포머의 공연을 통해 쉽고 흥미 있게 전시 컨텐츠를 만나보자.

프리존에서는 해양 산업 기술로 무한한 해양 자원을 활용하여 우리의 지구에 닥친 위기를 극복하기 위해 바다는 생물 자원, 광물 자원, 에너지 자원, 공간 자원 등을 간직하고 있는 지구의 보물창고라는 것을 소중히 하자는 메시

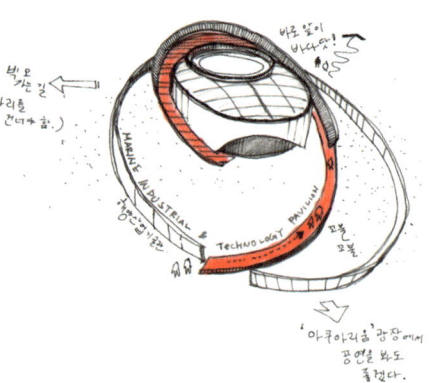

지를 만나게 된다. 인류에게 직면한 자원 및 에너지 고갈 등 생존의 위기를 극복하는 데 필요한 해양 산업 기술을 통해 글로벌 위기 극복의 해결책이 바다에 있음을 알 수 있게 된다.

메인에서 해양 산업의 새로운 패러다임 창출이라는 콘셉트로부터 해양에

여수 엑스포 관람포인트

대한 새로운 가능성을 알게 된 우리는 발전된 해양 기술을 통해 해양 조류에서 바이오 에탄올을 생산하거나 친환경 옷감, 고강도플라스틱을 생산하는 기술에 대한 간접 경험을 하게 된다.

> 과학자가 꿈이라면 여기에 들러보자. 미래의 자동차가 등장한다.

이렇게 해양산업기술관을 관람하면 우리의 미래와 지속 가능한 인류 발전에 대한 해답이 '바다'에 있다는 것을 알게 되지 않을까.

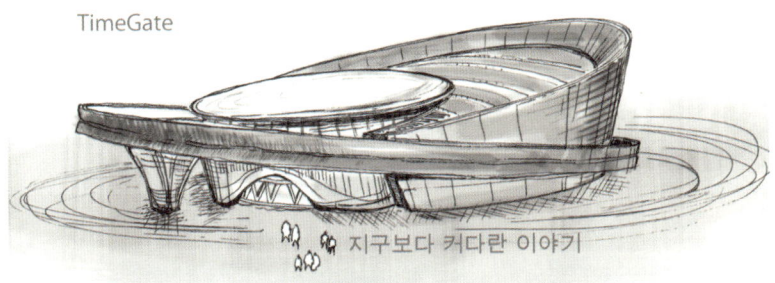
> 바로 옆 주제관을 예약해놓고 방문하면 편하다.

2_ 해양로봇관 Marine Robot Pavilion

> K팝을 부르는 최신 인공지능 로봇쇼는 이곳에서.

해양로봇관은 70여 대의 첨단 로봇과 함께 인간과 자연 그리고 로봇이 공존하는 세상을 펼쳐 보일 계획이다. 인류가 해결해야 하는 여러 가지 문제를 로봇과 함께 풀어가고자 하는 공생의 개념을 중심으로 3개의 존이 기획되었다.

Expo Tip
1. 기술관과 로봇관은 아이들이 좋아하는 곳으로 관람시간이 상대적으로 많이 걸린다.
2. 해양로봇관은 반드시 사전 예약을 하거나 야간 관람을 하도록 하자.
3. 해양로봇관 관람이 어려울 경우 대신 근처의 기업관들로 아이들을 만족시키자.

여수 엑스포 관람포인트

첫 번째 Zone 1에서는 로봇의 세상으로 로봇 부품 모형들이 입구의 벽, 천장에 전시되어 있으며 여러 로봇의 춤과 노래의 공연을 관람하게 된다. Zone 2에서는 로봇의 한마당 축제라는 테마로 로봇축구와 로봇댄스를 볼 수 있으며 로봇 실험실에서는 로봇 설계 및 제작 과정을 쉽고 재미있게 이해할 수 있도록 전시가 마련되었다. Zone 3의 심해관에서는 심해에서 인간을 대신하여 로봇이 자원을 탐사하거나 광물을 채굴하는 모습을 애니메이션 영상으로 연출하여 로봇을 통한 새로운 미래의 가능성과 희망을 보여준다. 에필로그의 마지막 공간에서는 로봇물고기들이 유영하는 수족관과 물고기모빌의 감동을 받으며 관람을 마무리하게 된다.

> 헤엄치는 로봇물고기를 보기 위해 줄을 선 가족과 아이들.

엑스포디자인여행

여수 엑스포 이야기 04

3_기업관 Corporate Pavilion

커다란 선박을 만드는 조선 산업과 첨단 IT 산업의 현재와 미래를 보여주는 전시관으로 참가 기업의 다양한 콘텐츠를 통해 관람객은 기업들의 기술과 발전 모습을 관람할 수 있다. 전체 8개의 모듈로 구성되어 7개의 독립기업관과 1개의 임대기업관이 설치되었다.

> 독특하고 기계적인 퍼포먼스가 인상적인 현대관.

독립기업관은 한국의 세계적인 글로벌 기업들이 참여하여 기업을 홍보하고 기술력을 과시할 수 있는 기회를 갖는다. 그 외 한국해운항만관에서는 해운항만 관련 기관의 미래 기술 및 기술력의 활용 가능성을 보여주는 전시공간으로 항만공사 등 선주협회에서 참여했다.

> 사전 예약에 실패했을 경우, 여유 시간에는 기업관들을 방문하는 것이 효과적.

여수 엑스포 관람포인트

> 기업관은 작지만 높은 퀄리티의 전시가 특징이다.
> 운이 좋으면 기념품과 경품을 많이 받을 수 있는 곳.

05 열려라 참깨!
Beyond the door

엑스포에 대한 새로운 시각과 함께라면 줄을 서서 기다리는 마음도 여행의 일부분.

호기심의 문을 열고

나가쿠테 전시회장의 남쪽 지역은 숲이기 때문에 서문, 동문, 북문의 3개의 방향에 메인 출입구가 설치되었다. 엑스포 회장은 대중교통을 중심으로 각각의 출입구 수용 능력과 가중치를 달리하여 철도역을 중심으로 단체를 위한 버스 등의 주차장을 분리하고 자동차를 이용한 개인의 접근은 분산시키게 된다.

영화 〈스타게이트〉에서 타임슬립을 하기 위해 시간의 문을 여는 '조건'이 필요하고 〈백 투 더 퓨처〉의 드로리언도 일정한 속도를 만들어 일정한 '거리'를 달려야 한다. 하물며 소원을 들어주는 램프도 문질러야만 지니가 나온다. 대부분의 문을 열기 위해서는 열쇠가 필요하다. 물론 요즘은 열쇠 이외의 방법도 사용되지만 특정한 작용의 현상에 대해서는 공통적으로 촉매가 필요하다.

엑스포 관람에 있어서도 각각의 파빌리온은 프로그램에 따라 대기 라인을 통해 입장을 하고 여러 가지 툴을 스토리에 맞춰 사용하며 각자가 주인공이 되어 직접 연출을 체험하게 된다.

낯선 풍경의 세상,
엑스포의 세상 속으로.

▶ 수많은 파빌리온들이 있지만 내가 가는 길은 내가 선택할 수밖에 없다.

> 또 다른 새로움을 찾아 떠나는 발걸음들.

며칠 후면 사라지고 닫히는 문들.

언제나 주인공은 나

내 몸을 직접 움직여 무엇인가를 해야 하는 수고를 통해 엑스포는 그에 상응하는 반작용 구성을 기본적으로 따른다. 들어가고 싶으면 열어야 하고, 보고 싶으면 다가가야 하며, 알고 싶으면 무언가에 손을 대야 할 것이다.

각자가 주체이며 주인공이고 내가 보고 느끼는 것들의 대상과 환경의 능동적 선택에 따라 체험의 스토리가 조금씩 달라진다. '이야기의 문'이 어떻게 열릴 것인지 생각해보자. 두괄식과 미괄식의 스토리 구조는 많은 차이가 있다. 전시의 시작과 선택을 직접 하여 오늘 하루만큼은 엑스포 이야기의 주인공이 되어보자. 엑스포는 관람객 수만큼의 스토리가 만들어지는 열린 구조를 가지고 있다. 사람마다 다른 생각과 감정을 다 인정하고 받아들이는 전제로 설계하기 때문이다.

선택한 문에 따라 달라지는 나만의 이야기.

"원더랜드 속으로 가는 길."

▶ 문 뒤에 펼쳐질 세상과 친구들을 상상하면서. 스위치온.

"친구를 배우고, 가족을 배우고, 지구를 배우는 곳.
지구공동체의 메가 이벤트에 오셨습니다."

스스로 참여한 즐거움의 세상.

> 직접 진흙으로 누군가의 집을 만들어줄 수 있는 곳.

> 만들고 또 만들어보자.
>   눈도 즐겁지만 몸이 더욱 즐겁다.

"주인공은 우리."

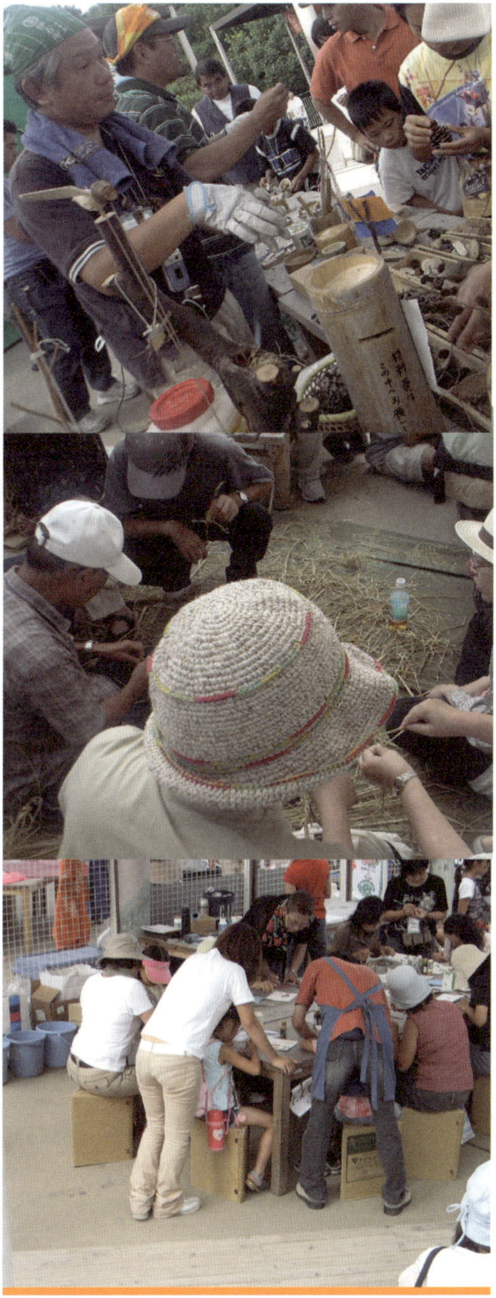

> 엑스포의 모든 것들은 각자의 손으로 직접 경험하기에
>   더욱 소중하다.

여수 엑스포 이야기 05

새로움으로 향하는 엑스포

> 성공적 엑스포 이후 우리에게 남겨지는 것은 무엇일까.

엑스포는 국가적으로 새로운 도전의 발판으로 유치하고 추진하게 되는 경우가 많다. 따라서 새로운 개념과 배경을 필요로 하는데 그러한 국가적 추진 전략과 엑스포의 배경을 알고 관람하는 것은 무엇보다 중요하다. 핵심을 알지 못하고 하는 엑스포의 경험은 일반 놀이공원과 같은 유희적 경험에 그치고 말기 때문이다. 여수 엑스포 역시 중요 핵심 전략을 가지고 긴 시간 준비되었고 크게 4가지로 설정되어 기획부터 설치, 운영까지 그 맥락을 거시적으로 유지하고 있다.

여수 엑스포 관람포인트

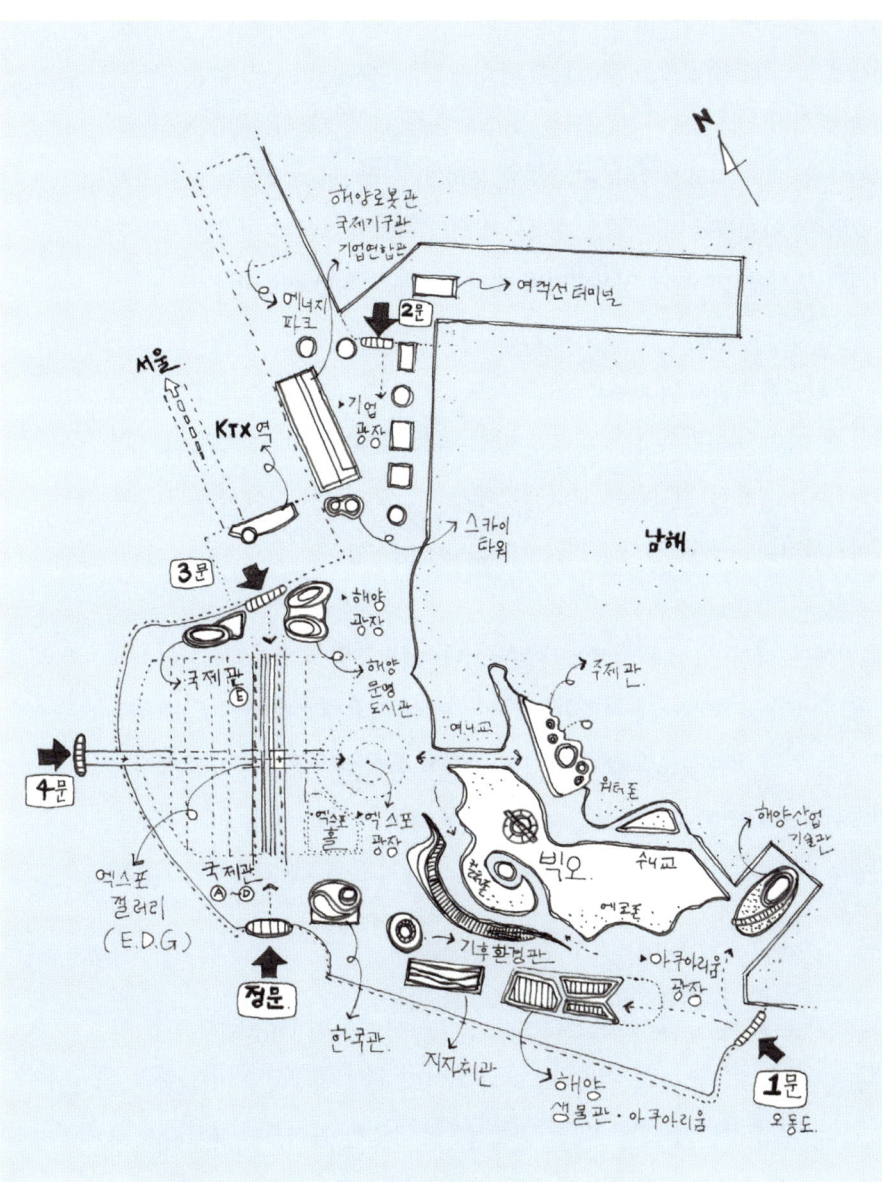

> 바다를 이용한 알찬 여수 엑스포의 배치계획.

여수 엑스포 이야기 05

첫 번째는 '친환경(Green)엑스포' 전략이다. 엑스포의 준비 및 여러 부분의 진행에 있어 탄소 배출을 최소화하고 신재생 에너지를 엑스포 회장에서 시험 가동하거나 테스트하는 기회를 갖고 활용한다. 엑스포의 여러 공간을 만드는 부분에도 친환경 건축 자재를 활용하거나 장비와 소모품들을 재활용이 가능한 자재들로 하는 것은 폐기물 발생의 최소화는 물론 이러한 삶을 근 미래의 도시에서 어떻게 적용할지에 대해 고민하기 위한 실험이다.

두 번째는 '유비쿼터스(Ubiquitous) 엑스포' 전략이다. 대전 엑스포에 이어 최첨단 IT 기술을 엑스포 전체를 조성하고 관리하며 운영하는 데 적용하고 첨단 기술을 활용한 전시관은 관람객들에게 엑스포의 메시지를 전하고 전체 테마로부터의 감동을 전하고 기억시킴에 있어 중요한 기능을 한다.

세 번째는 '디자인(Design) 엑스포' 전략이다. 엑스포의 다양한 시설들에 엑스포 주제를 표현하는 데 적합한 디자인 기법을 사용하기 위하여 오픈 전부터 여러 가지 국제적 공모를 통하여 다양하고 훌륭한 디자인들을 적용하고 일반인들이 참여하고 함께하는 방법을 시도하였다. 또한 여러 예술 행사 추진에도 사회 각계의 예술가와 인사들을 초대하여 품격 있는 엑스포가 되도록 계획하였다.

마지막으로 '문화(Culture) 엑스포' 전략이다. 공식 행사와 학술 행사 등을 다양한 분야와 시각에서 운영되도록 하여 참가의 폭과 과정의 의미를 남기도록 한다. 문화 상품이 만들어지고 세계적으로 유명한 공연들이 유치되어 지역 마케팅의 요소로 향후에도 활용될 예정이다.

여수 엑스포 관람포인트

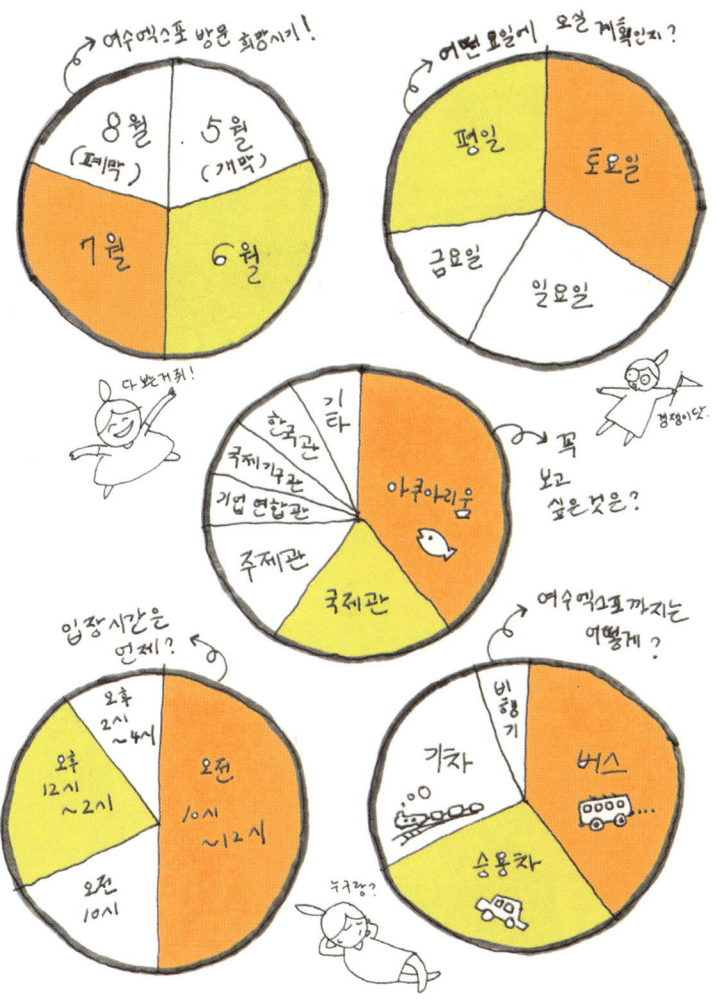

> 우리들의 여수 엑스포에 대한 관심과 사전 계획.

이 4가지의 엑스포 키워드를 머리와 가슴에 담고 여수 엑스포의 문을 열고 들어가도록 하자. 모든 것들이 다르게 보이고 내가 있는 공간과 시간이 다른 의미로 다가올 것이다.

EXPO APPENDIX

여수 엑스포 여행계획의 기본, 입구와 출구 선택이 중요!

› 여수 엑스포는 출입구를 5개나 가지고 있다.

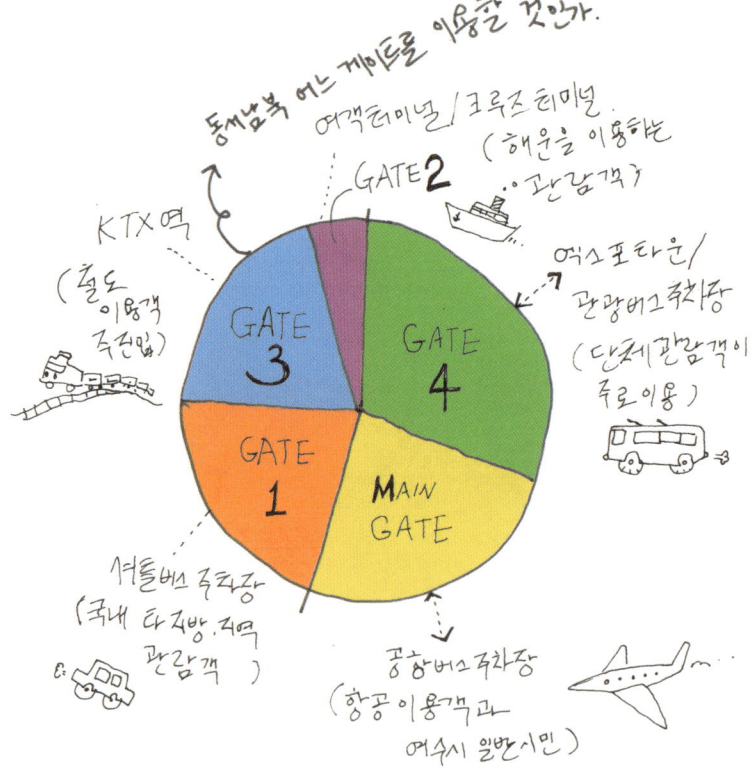

› 게이트에 따라 다양한 관람동선을 짤 수 있는 것이 특징.

여수 엑스포 관람포인트

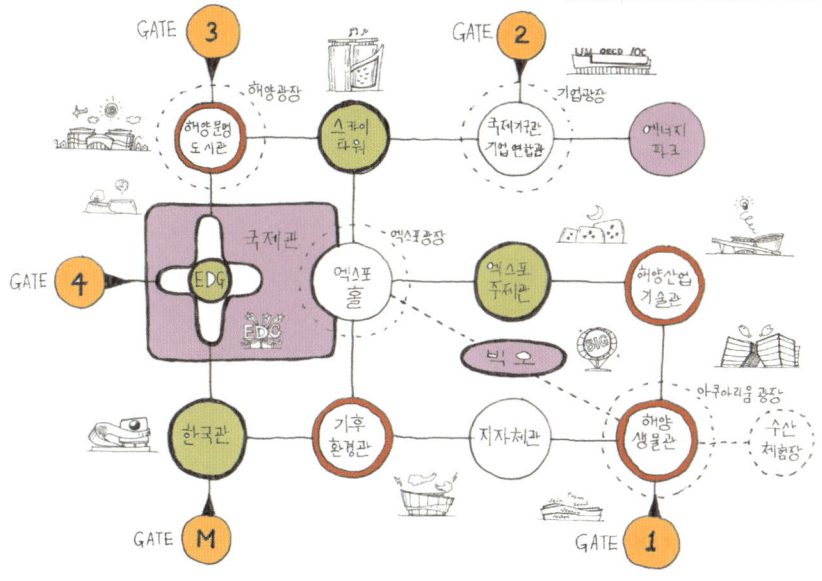

> 여수 엑스포의 게이트 위치도 (Gate M, Gate1-4)

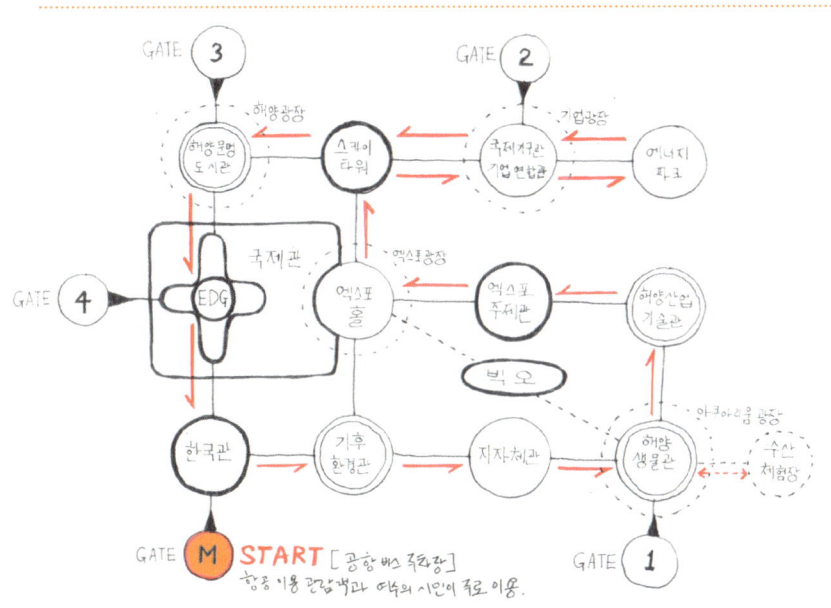

> 비행기로 오시는 분들은 Gate M에서 시작

일본 아이치 엑스포에 관한 정보 http://www.expo2005.or.jp/kr/

중국 상하이 엑스포에 관한 정보 http://en.expo2010.cn/

Stage 2
Invisible Space
보이지 않는 공간(들)

06 표정이 있는 엑스포 건축 Expo Architecture
07 건축 공간들은 그릇이 되어 How to Exhibit
08 담는 것들의 소중함이란 Story of Contents
09 '흥'이 나고 '신'이 나야 엑스포다 Events of the World
10 우리는 길을 잃고 말았다 Take a Break

06
표정이 있는
엑스포 건축
Expo Architecture

건축물의 얼굴에 담긴 낯섦을 보다.

기묘한 도시의 조각.

Symbolic Image

눈길을 끄는 얼굴들, 나를 바라보는 얼굴들

쇼핑몰이나 여행에서 우리의 눈을 호사롭게 하는 것 가운데 하나는 독특하고 개성 넘치는 가게들의 간판을 구경하는 것이다. 여러 가지가 혼재될수록 함축된 상징이 담겨 있는 아이덴티티들이 다양하게 경쟁한다. 마치 초등학교 졸업 앨범에서 동창들의 얼굴과 이름 그리고 기억 속 이미지를 연결하는 작업처럼 함축적 표상과 내용을 추측하고 상상하는 즐거움이 생긴다.

엑스포의 중심 거리를 경쾌하게 지나가는 나를 과감히 사로잡는 그 건축물을 따라 무의식적으로 끌려 들어가 보자. 기대는 곧 초대이며 그 초대를 거절할 필요는 없지 않은가. 쇼핑의 결과가 반드시 구매는 아니다.

> 세계지도에서만 보았던 나라들이 한자리에 모여 있다.

> 입구를 장식한 단풍잎이 파빌리온의 상징이 된다.

건축의 표정을 읽다

하나의 작은 도시를 탐험하는 것처럼 길을 따라 옹기종기 자리하고 있는 각각의 파빌리온이 가진 자태를 비교하는 경험을 가져보자. 파사드라고 불리는 건물의 외견은 사람으로 따지면 얼굴에 비유된다. 엑스포의 파사드는 그 일시성 때문에 과장되기도 하고 상대적으로 함축된 아름다움을 준다. 따라서 우리가 일상에서 보지 못하는 풍경을 마음껏 만날 수 있다.

겉모습으로 안을 상상하고 예상하는 재미도 엑스포만의 즐거움의 하나였다. 겉과 다른 속, 겉과 안이 연결되는 흐름 속으로. 마치 복권을 맞추어보는 느낌으로 하나하나 들어가 확인을 해보자.

"처음 만나는 건물과의 인사."

▶ 떠오르는 이미지들, 문득 그 나라에 가고 싶어진다.

일상적이지 않은 공간에서 걷고 만나고 마주하게 된다.

▶ 바구니와 같은 소재. 부드러운 곡선에 둘러싸인 파빌리온의 곡선에서 율동감이 느껴진다.

길을 따라 _ 아시아를 만나다

아시아의 국가들이 밀집된 첫 번째 글로벌 커몬은 동선 축을 중심으로 좌우로 대칭되는 배치와 구조로 기획되었다. 현대 도시의 일반적인 모습이다. 내가 걷는 만큼 보이고 걷는 방향을 따라 파노라마가 전개된다.

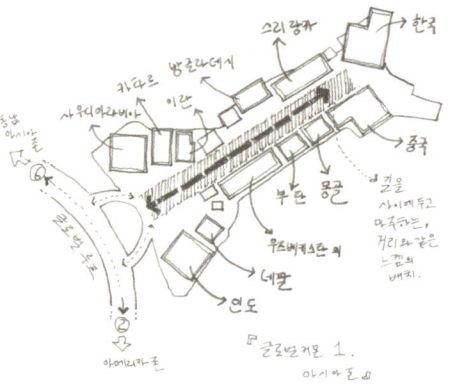
› 아시아존은 '축'이 강조된 배치 계획이다.

길을 양방향을 향해서 기획하기 때문에 전면성이 강조된다. 한국 파빌리온의 경우 '생명의 빛' 이라는 주제로 오방색을 마치 사찰의 단청처럼 화려하게 디자인하였고 이러한 청, 적, 황, 흑, 백의 색이 만든 공간은 한국의 전통 공연을 위한 아름다운 무대가 되었다.

› 경관에 그려 넣는 그림으로서의 건축.

> 네팔의 보드나트 사원이 문득 나타났다.

반대로 직선으로 흐르는 보행자의 시선을 간접적으로 끌어들이는 코어를 기획하기도 한다. 인도 파빌리온 중심의 생명의 나무(Tree Light)와 천장에 달려 있는 태양의 상징은 만다라의 고유한 개념과 전통 시장의 풍경과 더불어 인도의 한 부분을 가져다놓은 듯하였다. 상상을 해보라, 길을 걷는 가운데 살며시 보이는 공간 속의 공간 그리고 거대한 산. 네팔관은 그 나라의 장인이 직접 불교사원을 내부에 재현하고 히말라야 산맥의 자연을 동양적 관점으로 끌어다 놓았으니 의외의 거리와 공간에서 만나는 자연의 소중함만큼 크고 감동적인 것은 없다는 것을 잘 보여준다.

걷는다는 것은 그만큼의 속도로 보다 많은 것을 보고 느끼게 해주었다.

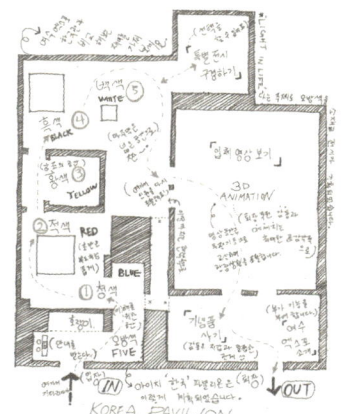

> 아이치 한국 파빌리온의 공간구조와 개념.

건축, 표현의 자유를 찾다

전체 배치 플랜의 구획에 따라 마치 시장의 점포들처럼 전시를 위한 건축 공간들이 즐비하게 준비되어 있다. 파빌리온은 단어 자체의 뜻처럼 일시적 성격이 강하며 일정한 구조적 안정성이 확보되면 상시적 건축보다는 자유로운 재료와 기법을 사용하는 경향이 두드러진다.

공모를 통하거나 지명에 의해 선정이 되기도 하는 엑스포의 파빌리온 건축은 상상력의 표현에 대한 클라이언트의 제약이 상대적으로 적기 때문에 자유로운 건축으로서 건축가에게 무척이나 매력적인 소재이며 공간이다.

일반적으로 건축물은 법규나 미관 공공성 등 다양한 사회적 요구에 따라 규정된다. 반면 엑스포의 건축은 담겨야 하는 내용, 드러내야 하는 개념에 의해 형태가 디자인된다. 외부적 규제가 아닌 내용의 표출을 위한 건축이기에 건축가는 무한한 생각의 나래를 펼쳐 자유롭고 다양한 형태와 소재 그리고 색채를 구현할 수 있다. 세계의 유명한 건축가의 작품들을 한자리에서 접한다는 것은 건축학도들에게는 엄청난 학습장이 될 수 있다.

"건축이 전하는 메시지에 귀를 기울이면."

▶ 엑스포의 건축은 자유롭기에 경쾌하고 다이내믹하다.

▶ 건축적 조형미의 개성과 특징을 관찰하자.

shape and volume

❯ 구조로부터 건축적 아름다움을 드러내는 파빌리온들이 보인다.

structure and frame

"엑스포는 세계 건축거장들의
새로운 디자인과 기술의 실험장."

다양성이 넘쳐나는 곳 _ 博.覽.會.

산책을 할 때 우리의 시선은 어디로 향하던가. 그 기억만큼 대부분 멀지 않고 높지 않은 시야의 범위에서 엑스포의 거리는 횡적인 시선의 흐름을 가져다준다. 그러나 각각의 파빌리온만의 콘셉트가 있다 보니 서 있는 위치에 따라 특정한 리듬감을 느끼게 되는데 이러한 결과는 나중에 서로 찍은 사진들에서 차이를 발견하게 된다.

파사드를 표현할 때에는 재료를 강조하거나 색, 볼륨, 캐릭터, 타이포 등 많은 요소들을 사용할 수 있다. 유럽, 아시아, 북미, 남미 등 국가마다의 정서에 따라 다르며 선진국과 개발도상국 등 경제적 상황에 따라 미묘하게 다르다. 나름 디자인적인 유행도 존재한다. 하지만 일괄적이지만 않다면 다양할수록 좋다고 생각한다. 디자인이라는 솔루션의 정답은 없기에 유치하거나 심플하지 않다고 지탄받을

▶ 도요타 파빌리온은 파사드의 소재와 구조 방식에서 모두 재활용과 재사용을 염두에 두었다.

끝없는 자유

몇 년 전 다양성의 상징인 서울 이태원 거리를 대상지로 공공환경디자인 프로젝트를 진행하기 위해 평소 가보지 않은 골목과 골목을 돌아보았던 적이 있다. 길의 크기와 규모는 차량과 보행자의 속도에 영향을 주는데 그 흐름이 빠를수록 더욱 개성 있는 상점이나 건물이 두드러졌던 공통점이 있었다.
출입구에 인접한 관람용 큐라인을 제외하고 엑스포 배치 계획상, 그리고 사람들의 서로 다른 관람 목적상 파빌리온의 인접 보행로의 흐름은 생각보다 무척이나 빠르고 복잡하다.

빠른 흐름 속에 자신의 아이덴티티를 강조하기 위해 독특하고 개성 넘치는 건축물이 많이 등장할 수밖에 없다. 그리고 우리가 흔하게 일상에서 접하는 경관적 측면이 고려되어야 하는 도시 건축물이 아니며 또한 상시적 건축으로서 기능에 대한 부담과 도로 상황에 맞추어 정면성을 확보해야 하는 것도 아니므로 4면의 디자인이 서로 불규칙하고 의외의 모습을 하고 있어 쉽게 출입구를 발견 못 할 수 있다.

"단단한 건축 공간들이 한없이 자유로워지는 순간들."

> 파사드로부터의 메시지는 항상 직접적으로 드러나지는 않는다.
> 때로는 심볼이나 형태가 아닌 구조나 소재에 담아내기도 한다.

여수 엑스포 이야기 06

메시지를 담은 건축의 표정을 관찰하자

주제관 Theme Pavilion

주제관은 국내 최초 바다 위의 해상 건축물로, 박람회장 앞 바다에 2층 규모로 세워졌다. 끝없는 면과 광활한 부피감을 갖는 바다의 모습을 수직·수평적 형태로 자연스럽게 표현하고 있으며 유려한 물결 모양이 아름답다. 육지면에서 보게 될 움직이는 미디어 파사드는 **Big-O** 뉴미디어쇼와 더불어 야간 아이콘이 될 전망이다. 해수면과 맞닿은 선을 통해 남해안의 멋과 조화를 표현하고 있는 주제관은 여수세계박람회의 주제인 '살아 있는 바다, 숨 쉬는 연안'을 가장 잘 표현할 수 있는 전시관으로 손꼽힌다.

'바다와 인류의 공존'이라는 엑스포의 주제를 구현하고 미래 인류와 바다

▷ 바다 쪽에서 본 건축물의 모습. 산호를 닮았다.

여수 엑스포 관람포인트

▶ 이런 창으로 들어오는 빛을 상상해보자.

의 관계에 대한 비전으로서 공존과 공생을 넘어선 상생의 관계를 제시하며 바다의 가치와 메시지를 전시를 통해 구현하기 위해 계획된 핵심적인 시설로, 엑스포에서 유일하게 해상에 위치하여 바다와 육지를 연결하는 접점으로서 인간과 바다의 관계를 상징하기도 한다. 국제 공모를 통해 당선된 오스트리아 SOMA의 작품이고 엑스포 이후에도 엑스포의 메시지가 담긴 건축으로서 남겨질 예정이다.

▶ 여수 밤바다의 낭만적인 분위기와 함께 다른 얼굴을 보여주고 있다.

여수 엑스포 이야기 06

> 주제관의 야경은 오동도에서 보는 것이 더 아름답다.

주제관의 대기 공간의 자이언트 클램(Giant Clam)은 관람객의 참여로 변화하는 모습을 볼 수 있는 상징 조형물이다. '살아 있는 바다' 의 테마로 이루어진 로비에서는 전 세계 해양 기지를 통해 본 지구 곳곳의 살아 있는 바다와 만나게 되며 바다를 알아가고 지켜나가려는 인류의 노력을 만나게 된다.

> 육지와 빅오에서 바라본 건축의 입면. 프로그램에 따라 여러 가지 표정을 만들 수 있다.

여수 엑스포 관람포인트

▶ 말하는 듀공, 코믹함까지 가지고 있어
    지친 여행의 피로를 풀어준다.

제1전시공간에는 '바다의 가치' 에 대해 인류가 인식하지 못하거나 몰랐던 바다의 숨겨진 가능성에 대해 이해하고 다시 한 번 바다로 눈을 돌리게 해주는 공간 연출이 되어 있다. '위협받는 바다' 라는 콘셉트의 제2전시공간에서는 관람객과의 실시간 대화방식과 공간 환경 연출을 통해, 지구 온난화와 해양 쓰레기로 인해 생명력을 잃어가고 있는 바다의 모습과 더불어 위협받고 있는 인류의 이야기를 들을 수 있다. 이어 메인쇼인 '바다와 인류의 상생' 으로 들어가게 되면 바다를 꿈꾸는 소년과 친구 듀공의 모험 이야기를 보게 되는데 영상의 하이라이트에서 깜짝 등장하는 아날로그적 감동을 기대하기 바란다. 마지막으로 제3전시공간에는 미래의 바다와 상생하는 바다 인류의 행복한 비전을 관람하게 되는데 일반인과 전문가가 예측한 미래 바다를 무대로 한 인류 삶에 대한 상상이 펼쳐져 바다와 공존하는 희망적 미래에 대해 생각하게 하는 공간이 되어줄 것이다.

EXPO Architecture

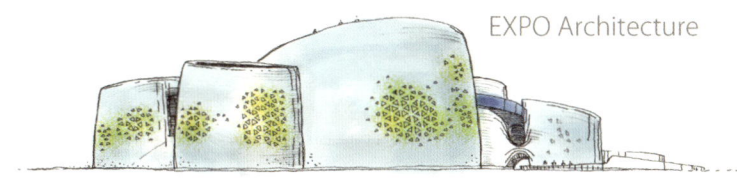

07
건축 공간들은 그릇이 되어
How to Exhibit

STEP 1   공간 구축하기

STEP 2   구조를 디자인하다

STEP 3   경계 짓기

STEP 4   공간의 형식 만들기

STEP 5   공간을 나누다

공간 디자인은 글을 쓰듯 형식을 만들고 내용을 담는 작업이다.

▷ 외부와 내부를 구분하는 작업부터 시작한다.

우리가 일상적으로 사용하는 단어인 '공간' 이라는 말은 무엇인가를 담기 위해 혹은 무엇이 존재하다 보니 비워야 하는 그릇과도 같다고 흔히 비유된다. 소중한 물도 담을 것이 없다면 곤란하다. 담는 그릇에 따라 물의 담겨 있는 모양새가 달라진다. 그릇과 같은 공간은 조화와 관계에 따라 빛을 발하거나 혹은 사용자에게 불평을 받는 상대적인 개념이다.

사람을 담아야 하고 사람과 함께할 것들을 동시에 담아야 하고 이런 요소들 간의 관계와 사용성을 함께 생각하며 건축가나 공간 디자이너가 설계를 한다.

커다란 상자라고 생각하면 바닥을 정돈하고 벽을 세우고 마지막으로 뚜껑을 덮는 포장과 같은 작업으로도 생각된다. 더불어 사람들을 걷게 하고 또는 돌아가게 하고 어느 순간에는 앉게 하고 필요에 따라 기다리게 하는 장치들이 추가된다. 이렇게 보면 누군가가 설계한 '그릇' 안에 들어가면 거닐어보는 것 외에 더욱 생각할 게 많아짐이 느껴진다.

> 컵도 무엇인가를 담기에 존재의 의미가 있다.

Step_1 공간 구축하기

> 수많은 조명이 매달린 기둥은 구조이면서 연출이다.

Step_2 구조를 디자인하다

› 안정적인 건축의 구조는 아름답다.

공간을 비우거나 채운다는 것, 부분을 차단하거나 전체를 투명하게 한다는 것 등 목적에 따라 조절하기 위해 구조적 성립이 전제가 되어야 한다.

서 있지 못하는 건축은 어불성설이다. 물리적으로 중력이라는 조건과 하중에서 생기는 제약으로부터 최대한 자유롭고 건축적 상상을 실현하는 구조의 미는 찬사를 받는다. 숨기기 위한 구조체에서 좀 더 드러낼 수 있는 구조체로서 공간 연출과 공존하는 느낌의 건축적 한계에 대한 도전이 보고 싶다면 그곳은 바로 엑스포 파빌리온 앞이다.

▶ 유럽존을 장식한 차양막의 움직임과 색상에서 경쾌함이 느껴진다.

Step_3 경계 짓기

connectivity

> 건물을 따라 점점 올라간다.
> 사방으로 보이는 건 보다 넓은 세상.

하나의 선물 상자 같은 건물의 겉포장을 보았다면 이제 각자가 선택한 상자들로 들어와보자. 건축 공간에는 안과 밖 또는 그 사이 공간(안이면서 밖인)이 존재한다.

밖이 다른 건축과의 관계성을 생각하며 디자인이 추구된다면 안의 공간은 담고자 하는 것들을 생각하며 존재하게 된다. 그 둘이 만나는 곳은 어디인지 살펴보자. 그 경계의 공간, 전이의 공간에서 건축 작가의 참맛을 느낄 수 있을지 모른다. 자칫 소외되기 쉽고 스치기 쉬운 공간이 소중한 무엇인가를 숨겨두기에는 적합하지 않을까? 자신만의 콘셉트 같은 것이라든가.

▶ 연출된 공간의 '공간감'은 안과 밖의 경계와 사이에서 가장 많이 느껴진다.

Step_4 공간의 형식 만들기

▶ 엑스포에서 바쁘게 앞만 보고 간다면 구경은 반만 한 것이다.

▶ 천장은 벽과 함께 분위기와 이야기를 감싼다.

사람의 움직임을 담고 전달하고자 하는 콘텐츠의 내용을 담기 위해 공간도 문학에서의 문법처럼 일정한 형식을 추구하게 되는데 그 형식에 따라 공간의 조직 방법이 달라진다.

특히나 엑스포 같은 전시의 경우 전시하고자 하는 직접적 대상과 이를 관람하는 사람의 관계, 전체를 어우르는 주제와의 설정들을 함께 고려하여 동선을 구성하는 데 있어 관람객과 전시물 사이를 밀착시킬 것인지, 거리를 둘 것인지, 단계적 접근 프로세스를 제공할 것인지 등 조절을 고려하고 그 사이에 해당되는 기법의 체험 요소를 계획한다.

› 비어 있는 공간, 안정된 공간으로 사람들의 흐름이 자연스럽게 형성된다.

› 재료에 따라 생기는 패턴과 규칙의 리듬.

Step_5 공간을 나누다

대규모의 공간으로부터 동질의 공간을 구획할 때에는 눈금처럼 일정한 단위를 정하고 이를 모듈(module)이라고 하는데 공사 금액을 산정하거나 면적을 할당하는데 편리하기 때문이다. 특히 엑스포처럼 수많은 분야별·국가별 관련자들이 각각의 시간차를 두고 적합한 타이밍에 배정된 공간을 계획하고 진행하는 경우에는 전체의 관리적 측면에서 특히나 용이하다. 아이치 엑스포의 경우에도 모듈(18m x 18m x 9m)을 규격화하고 단위화하여 추진하였다.

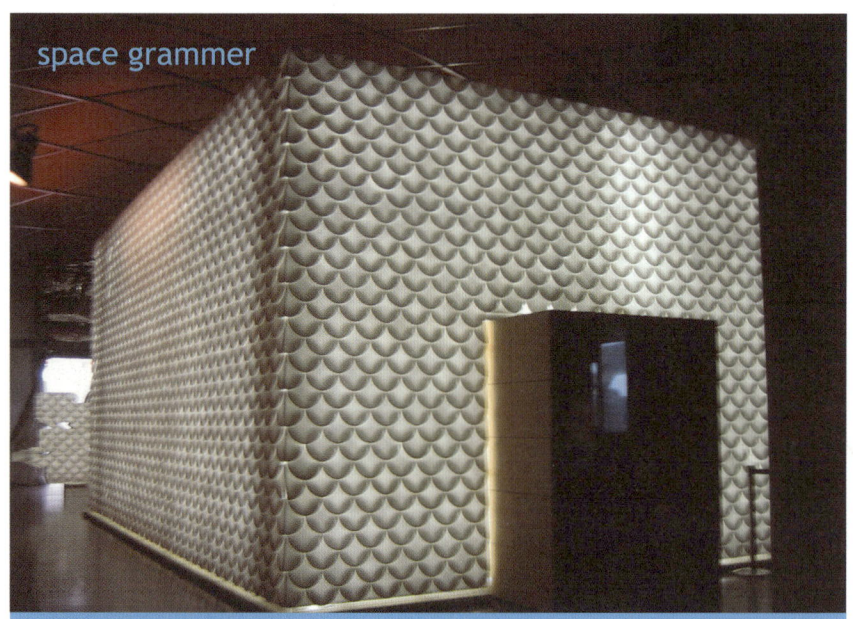

> 나누고 닮고 빛이 나는 공간들.

> 눈에 보이도록 분할하고 경계를 형성하는 직접적 방법도 있지만 행태를 통한, 보이지 않는 나눔의 방법을 공간에서는 우선시한다.

path and flow

> 브리지는 아이치의 굴곡진 지형을 보다 친환경적으로 연결하기 위한 방법이었다.

아시아존에서는 17개의 국가관들이 14개의 파빌리온을 33개의 모듈로 사용하였고 한국은 이 가운데 무려 5개의 모듈을 사용하였으니 면적은 국가적 관심과 참여 의지와 비례함을 알 수 있다.

— 여수 엑스포 이야기 07 —

하나의 엑스포 파빌리온에 담기는 의미

한국관 Korea Pavilion

한국관은 3개 층의 규모로 채움과 비움, 바다와 육지의 콘셉트로부터 우리의 태극 문양을 모티브로 유려한 곡선의 형상으로 디자인된 건축물이며 엑스포가 끝나고 나서도 철거되지 않고 남는 건물이다. 한국의 전통적 조형미와 색채, 문양과 함께 해양 한국의 가치를 통해서 한국의 미래 비전을 제시하고 우리에게 자긍심을 고취하는 목적으로 기획되었으며 크게 '기적의 바다' 라는 전시공간과 '희망의 바다' 라는 영상공간으로 나누어지고 두 공간은 최남선의 '해(海)에게서 소년에게' 라는 작품으로 연결이 된다.

여수 엑스포 관람포인트

'기적의 바다'에서는 한국인의 바다에 대한 삶과 문화 그리고 한국의 해양 역사에 대해 영상과 퍼포먼스 무대를 통해 디지털과 아날로그의 연출이 조화를 이루는 것을 볼 수 있다. 우리의 전통 어업의 역사와 뱃놀이, 바다 축제 등에 대해 배워볼 수 있다.

그리고 '희망의 바다'에서는 인류의 공영에 기여하는 한국의 역량(Korean Ocean Power)을 주제로 역동적인 미래 한국의 해양 비전을 담은 360도 영상을 체험한다.

> '기적의 바다' 영상코너

> 시적이면서도 동양적인 감성을 전달 받을 수 있다.
> 마음을 차분히 할 수 있는 공간이다.

여수 엑스포 이야기 07

영상을 통해 한국 바다의 아름다움을 감상해보고 한국관 밖에서 실제로 보이는 남해 바다의 아름다움과 비교해보는 경험을 해보자. 하나의 전시를 보고 체험하는 것은 경험의 전과 후의 기억을 담아가는 데 그 중요함이 있다. 특히 엑스포처럼 일시적인 공간, 두 번 다시 만나지 못하는 순간적인 경험에 있어서는 반드시 느껴볼 감정이고 이 점이 메인 전시의 포인트로 담겨 기획되어 있음을 잊지 말자.

▶ '희망의 바다' 영상코너. 입체적인 돔영상과 웅장한 사운드의 감동이 심장으로 전해진다.

여수 엑스포 관람포인트

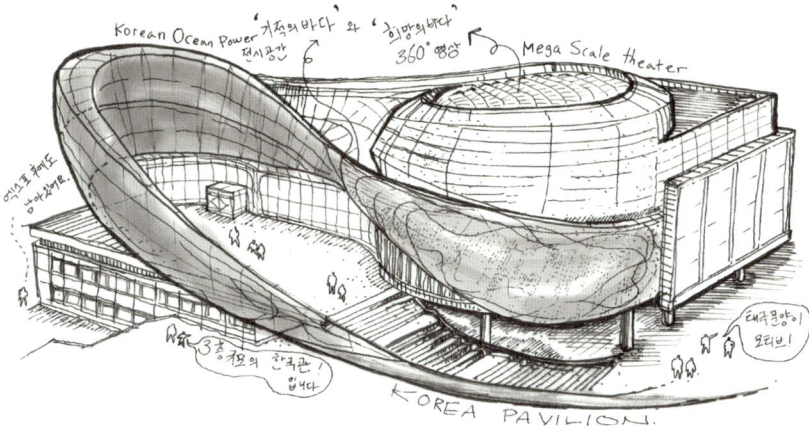

Expo Tip

1. 의자가 없는 경우 편하게 바닥에 앉아서 보자.
2. 너무 앞보다는 중간이 전체를 보기 편하다.
3. 중간 중간 볼 것이 준비되어 있으니 급하게 다음 존으로 이동하지 않도록 하자.

08
담는 것들의 소중함이란
Story of Contents

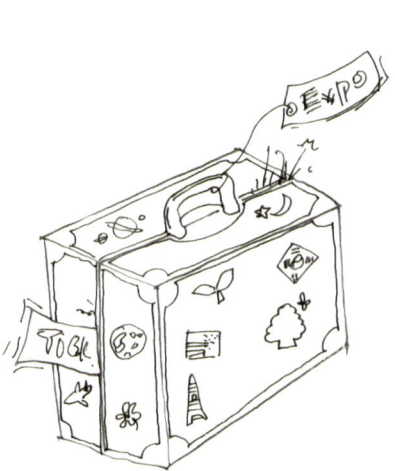

지중해의 빛과 색에 담긴 독특한 스토리들

세 번째의 글로벌 커몬은 글로벌 루프에 둘러싸여 '하나의 마을' 과 같이 모여 있었다. 지중해 색상 건물들과 도시를 구경하는 느낌으로 산책하게 하는 콘셉트이다 보니 다양한 전시 스토리의 전개를 만날 수 있었다.

▶ 막연한 관람보다는 기승전결의 구분을 염두에 두는 편이 오히려 지루하지 않다.

이야기의 중심을 찾아서.

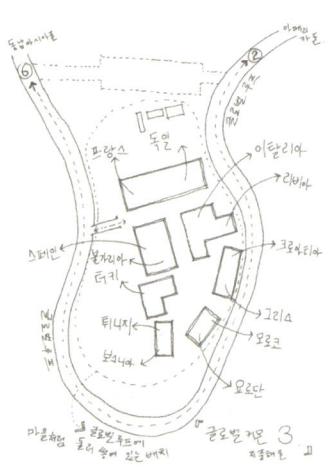

▶ 숨겨진 이야기를 찾는다.

▶ 한적한 장소의 파빌리온에서는 보다 집중된 관람이 가능하다.

1. 신비한 전설로부터

이탈리아 파빌리온은 하나의 물건으로부터 스토리를 전개하였다. 바닷속에 오랜 시간 동안 묻혀 있다가 시칠리아 어선에 의해 우연히 발견된 무려 2,400년 전의 브론즈 조각상인 '춤추는 사티루스'이다. 이탈리아의 전통, 예술, 미래를 제시하는 모티브로서 전시되고 주변으로 물, 빛, 유리를 자유롭게 사용하여 마치 고대 극장의 무대처럼 연출하였다.

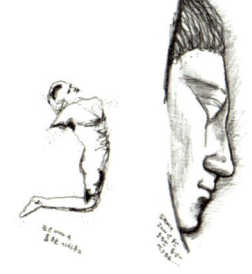

› 춤추는 사티루스 _ 전시의 절정에서는 크거나 진귀하거나 이렇게 오래된 것을 반드시 만나게 된다.

2. 자연과의 마주함으로부터

그리스 파빌리온은 대지, 바람, 물, 불로 나누어진 4개의 존(zone)에 그리스의 자연과 문화 사이의 조화로부터 미래를 몸으로 느끼며 고대 그리스인이 인간의 문화와 가치를 자연으로부터 발전시키는 영감을 어떻게 얻었는지 느끼게 하였다. 한편 프랑스 파빌리온은 인간과 자연과의 관계가 중심 테마였다. 중앙에 신비로운 육면체를 배치하고 프랑스 특유의 예술적 감각으로 빛과 오브제를 통해 오묘한 공간감을 연출하면서 프랑스의 공방과 문화를 함께 소개하였다.

3. 공감각적 체험으로부터

스페인 파빌리온은 파사드에 스페인의 강렬한 태양빛을 연상하게 하는 도기를 기하학 모양으로 짜 맞추어 여러 가지 무늬의 창을 통해 방문객에게 스페인의 태양빛을 느낄 수 있도록 연출하고 이 개념을 중심으로 5개의 테마별 공간을 연결하였다. 한편 독일 파빌리온은 6명이 탈 수 있는 물방울 모양의 캡슐로 이동하며 땅속 깊은 곳, 물속, 불 속을 통과하며 미래의 세계를 여행하는 경험을 주었으며 크로아티아공화국은 아드리아해의 염전을 중심으로 해저, 해면, 해상, 지상, 공중의 5가지 시점에서 보는 체험을 하게 하였다.

> 벽은 공간을 나누고 콘텐츠를 담는다.
  진열하고, 설명하고, 마주한다.

직선의 벽, 곡선의 벽

즐겨야 하는 과정 _ 그저 벽을 따라 걷기

전자제품을 사거나 받은 후 안에 있는 포장지, 비닐, 노끈 혹은 설명서 등 소중한 물건을 만나기 위해 담겨 있는 것들을 자신만의 순서와 규칙에 따라 하나하나 풀어가며 설명서의 내용물을 확인하는 과정의 즐거움에 익숙하지 않다면 엑스포의 크고 작은 모든 것을 한 호흡에 지나쳐버리고 말지 모른다. 지치고 여유가 없어지면 홀로 출구에서 나오는 일행을 기다려야 하기에 심심하지 않도록 놀이기구를 꼭 가져가자. 전체 공공 공간의 면적에 비해 흡연 장소를 많이 준비하지는 못한다.

▶ 벽을 따라 걸으며 관찰한다.
엑스포에서 의미 없는 벽은 없다.
벽의 형태, 색깔과 소재가 말을 걸어온다.

엑스포디자인여행

이야기의 단면

동화를 들려주시는 부모님의 표현은 책 그대로이지 않다. 좀 더 극적으로 과장된 각색이 들어가기도 하며 새로운 엔딩을 만들어주시기도 한다. 같은 콘텐츠라도 내용을 어떻게 전달할까에 따라 전하는 방법이 달라지기도 하는데 공간 연출에서도 마찬가지이다. 이때 기준이 되며 가장 중요한 것은 전달하고자 하는 '스토리의 구성'이다.

▶ 분할과 연결, 관입과 돌출이 반복된다.

> 정보성이 우선시되는 전시는 눈높이를 기준으로 시선과 직각방향으로 벽체 전시가 주를 이루며 감성적 전시 요소는 눈높이 이상의 상단부를 활용하는 편이다.

이야기 조각들로 만들어진 스토리 라인(story line)에 따라 공간의 연출은 정렬이 된다. 전시 스토리 라인의 기승전결(起承轉結)을 실제 공간에서 인지할 수 있다면 전시 기획자로서의 감각을 가지고 있는 것이다. 동화를 읽어주시던 부모님으로부터의 감정 이입은 공간 안의 사물과 분위기를 다르게 해석하게 해준다. 마냥 바라보던 공간에서 내가 존재하는 공간으로.

한 걸음, 한 걸음 공간을 나아감과 함께 이야기의 조각들이 내 옆을 스쳐 지나감이 느껴진다.

공간의 조율

파빌리온의 내부 공간은 이동과 머무름의 행태를 중심으로 목적과 기능에 따라 단위 공간의 성격과 방향성이 정해진다. 자신이 서 있는 공간을 기준으로 앞과 뒤의 공간에서 상대적인 공허함이나 밀도의 차를 구분하여보자. 자신의 집중을 분산시키거나 몰입시키는 조절감이 느껴지면 그것은 의외의 이야기가 다음 공간에서 기다리고 있다는 신호이다.

▷ 시각 기반의 전시에서 가독성을 확보하는 범위는 생각보다 많지 않다.

▷ 수명이 끝난 생활용품은 아이들의 손을 거쳐 숲 속의 곤충으로 다시 태어났다.

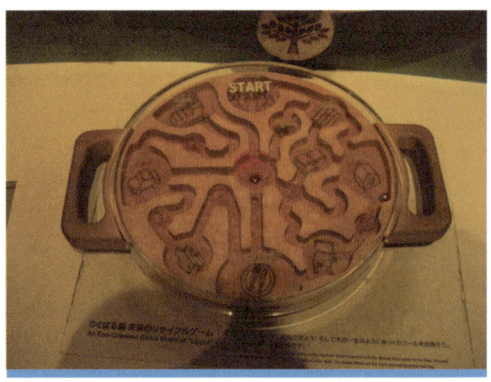

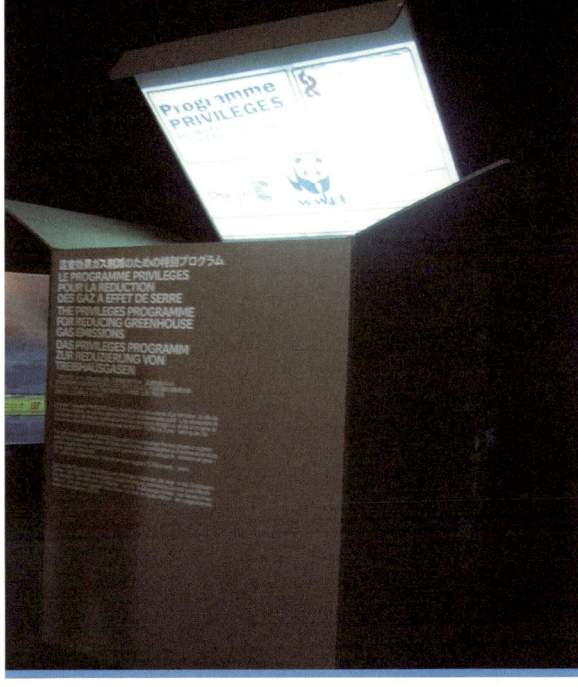

> 의도적으로 감각이 부분적으로 차단된 전시 공간에서
> 관람객들의 안전사고를 대비하여 사전 점검 및 리허설이 이루어진다.

담는 순서의 중요함

달걀이 먼저냐 닭이 먼저냐의 이야기처럼 그릇의 종류를 생각하고 담을 것을 고르는 것과 담을 것을 선별한 후 그릇을 고르는 것의 차이를 생각해보자. 유리와 나무의 그릇 사이에서의 생각의 차, 음식과 장난감을 담을 것인가에 따른 고민의 차, 재료와 모양, 성질은 보이지 않는 관계를 만든다. 두 가지를 같이 담고 싶다면 좀 더 생각할 것이 많아지겠다. 사람들, 물건들과 함께 감성을 담아야 하는 아주 커다란 그릇인 공간에는 설계자의 노력과 고민의 흔적이 있다. 그 흔적을 찾는 방법, 스토리를 쉽게 이해하고 따라가는 방법이다.

> 디지털과 아날로그는
> 상호보완적 존재.

▶ 숲의 서재로 꾸며진 공간, 에도 시대의 박물도감으로부터 선정된 멸종 위기종이 알기 쉽게 전시.

맛이 있는 공간

접근하는 방법에서 있어서 순서와 시각의 차가 전시의 큰 흐름과 방향을 결정한다면 흐름이 진행되며 생기는 순간들과 상황에서는 연출에 의한 효과가 나타난다. 개인의 기억과 경험을 기준으로 감성을 환기시키고 생각과 이미지를 상기시킨다. 시간을 중심으로 과거의 향수로부터 동감을 이끌기도 하고 현재의 현실감으로부터 생생한 감동을 제공하기도 하며 상상력을 바탕으로 미래의 희망을 이야기하기도 한다. 공간의 맛은 이렇게 각자의 경험에 기호와 취향이 버무려져 나온다. 같은 요리에 다양한 맛을 느끼는 것처럼 같은 공간에서 느끼는 감성은 다양하다. 옆 사람의 놀라움이라든가 즐거움이 지금 같이 공감이 안 된다면 나는 좀 다른 경험을 가지고 있는 것이고 다른 코너와 순서에서 즐거움을 느낄 것이다.

코스 요리처럼 자신만의 순간을 기다리면 놀라움의 시간, 극적인 감동의 시간, 황홀함의 시간이 하나둘 다가온다. 이렇게 스토리는 마법처럼 각자의 머릿속에서 다시 조절되는 특성이 있다.

"같은 공간 속의 다른 생각들, 각자 재구성되는 감각과 기억의 연출, 이것이 엑스포 전시연출의 목적이다."

▶ 엑스포의 일회성은 일상으로 돌아가도 그 경험을 다시 더듬게 한다.

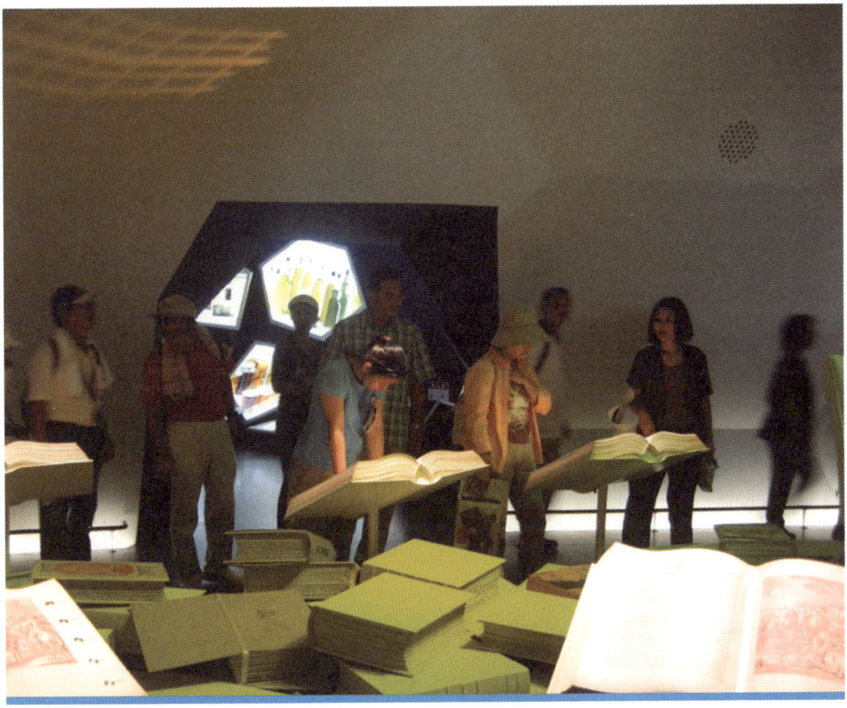

▶ 쌓인 책들에서 느껴지는 생동감. 책 속의 이야기가 궁금해진다.

여수 엑스포 이야기 08

엑스포에서는 무엇을 배우고 담아갈 것인가

해양베스트관 OCBPA: OCEAN AND COAST BEST PRACTICE AREA

해양베스트관(**OCBPA**)은 주제관 2층에 위치하며 주제관의 1층의 엑스포 주제가 실현된 사례를 보여주는 공간이 된다. 13가지 해양베스트 사례가 담고 있는 가치를 관람객들이 인식하고 해양 시민으로서의 미래를 공유하고자 하는 목적으로 기획되었다.

여수 엑스포 관람포인트

주제관과 연계되며 엑스포의 메시지를 전하는 심장부와 같은 곳이며 국제선정위원회(ISC: International Selection Committee)를 통해 선정된 4개의 분야와 13개 기관 및 기업의 해양과 관련된 인류가 이룩한 최고의 사례를 소개하고, 바다와 인류가 조화를 이루며 공존할 수 있는 이상향을 향하는 핵심적인 기능의 전시 시설이다.

▶ 진지하게 엑스포의 주제를 되새겨보는 공간.

해양·연안 분야의 국가 간 벤치마킹이 가능한 세계 최고의 정책, 기술, 노하우, 제품 등을 전시하는 공간으로 세계 경제·과학 기술의 발전을 도모하기 위해 해당 분야 최우수 정책, 기술, 노하우, 제품 등을 전시하는 공간인 BPA(Best Practice Area)를 마련하였다. 그 외에 해양 관련 유력 국제 기구, 단체 대표 등 저명 인사로 구성된 국제선정위원회(ISC)를 소개하는 코너를 두었다.

세계적으로 벤치마킹이 가능한 해양 관련 정책과 기술을 한자리에서 볼 수 있다는 것은 쉽지 않은 기회이다. 세계 경제와 과학 그리고 산업을 바라보는 시각을 갖게 해줄 것이다. 세계 유명 연구소가 참가하는 다채로운 학술 행사와 이벤트에도 참석해보자. 전문 해설사가 함께 시연하고 세미나에는 해설서를 도입하여 소프트웨어 중심의 프로그램형 전문 학습 공간이라는 점이 여수 엑스포의 다른 시설과는 매우 다른 부분이다.

▶ 주제관 2층의 베스트관은 무심코 그냥 지나치는 경우가 많다.

여수 엑스포 관람포인트

> 세계 엑스포에는 놀거리와 연구할 거리가 같이 있어 의미와 가치가 있다.

해양 과학 및 기술 분야에서는 세계의 해양 탐사 지식과 기술을 통해 다양한 해양 정보와 연구 성과를 만나게 되고 해양 산업 및 비즈니스 분야에서는 세계 최첨단 해양 산업 현장을 둘러볼 수 있을 것이다. 또한 해양베스트관은 바다와 관련된 정책과 제도 그리고 법규들에 대해서도 생생한 교육의 현장이 되어준다.

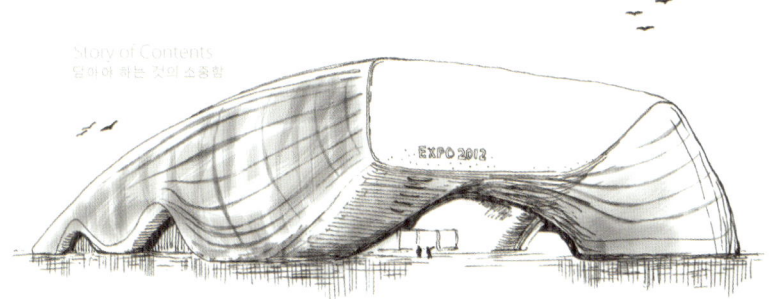

09
'흥'이 나고 '신'이 나야 엑스포다
Events of the World

world event and festival

> 전통 무용 공연이 사람을 모은다.

테마의 발견과 수집

백화점에서 쇼핑을 몇 층부터 시작하던가. 공간 속에 디스플레이된 내용은 문학에서의 그것처럼 직유와 은유의 표현, 도치와 대구의 기법 등을 사용한다. 따라서 어떤 부분은 가급적 쉽게 읽히는 반면, 어떤 부분은 친절하지 않게 원하는 대로 정렬되어 있지 않다. 그러다 보니 바로 서 있는 장소에서 순간적으로 다가오는 것과 a와 b를 보고서 비교하여 생기는 잔상, 더 나아가 집에 와서 일상에서 떠오르는 감흥이 공존한다.

연출 정도의 조율과 조작은 글이나 책을 보는 것처럼 다양한 사람의 보편적인 감성을 중심으로 심리적 변수와 반응을 고려하여 기획된다. 메타포(metaphor)라는 구심점과 기준에서 스스로의 해석과 이해를 통해 각자의 심상을 통해 이야기를 만들어가도록 한다.

눈으로 들어오는 시각만이 아닌 머리와 마음을 함께 열어놓지 않으면 그냥 평범한 공간과 다를 바가 없다. 전시 기획자에 의해 연출된 공간에서 눈에 보이지 않는 테마의 수집에 체질이 맞지 않는다면 4D 영상관이나 라이딩 시설 그리고 기념품 숍에서 가족들을 기다리는 것이 엑스포에서 쉽게 지치지 않는 방법이다.

▶ 세계의 축제가 한자리에 모이는 엑스포에서 페스티벌 시간표는 필수 아이템.

▶ 아이치의 축제 소품들.

▶ 무대 앞이 너무 붐비면 뒤편에서 보는 것은 어떨까.

세계 여러 나라의 공연과 이벤트

아이치 전시회장 중심의 센터존(center zone)은 찾아온 모든 사람들이 자유로운 교류를 체감할 수 있는 광장과 이벤트 시설이 우리의 마당처럼 집중되어 있었다. 이런 면에서 글로벌 하우스(global house)는 관객의 참여와 지구촌 축제를 위해 아이치 엑스포의 중요한 소통의 장소로서 기능하였다. 인간과 환경의 관계를 탐구하는 첨단 기술로서 냉동된 맘모스가 전시되었으며, 매일 엑스포에 일어나는 화젯거리를 모은 신문이 발행되었다. '사랑·지구광장'에서는 20미터 규모의 엑스포 비전에 대한 주제 영상과 야간에는 각국의 이벤트 퍼레이드가 끊임없이 펼쳐졌다. '잉어연못'이라는 별칭의 수공간에서는 자연을 상징하는 스노우몽키(snow monkey) 캐릭터가 워터 스크린(water screen)과 주위의 자연을 무대로, 이브닝 쇼(evening show)로서 분위기를 고조시켰다.

아이치에서 사용된 엑스포 돔(expo dome)은 3,000명 정도를 수용할 수 있는 규모로 설계되어 엑스포 개회식과 폐회식 등의 대형 이벤트가 열리는 이벤트의 거점 장소였으며, '꿈꾸는 산'으로 기획된 테마 시어터(theme theater)에서는 유명한 애니메이션 감독인 '오시이 마모루'가 연출한 '깨달음의 방주'(open your mind)라는 제목의 영상, 음향, 오브제가 융합된 복합 멀티미디어 쇼(multimedia show)를 관람하는 행운도 얻게 되었다. 쇼의 테마는 엑스포 기간 동안 계속 바뀌는 다양성도 잊지 않았다.

› 공연장 주위에는 항상 공공 조형물들이.

따라다니는 녀석들

국제 행사에서는 다양한 민족 간의 소통을 쉽게 하고 테마의 흐름과 전시 스토리의 진행을 돕기 위한 방법으로 친숙한 대표 캐릭터(character)를 만들어 사용한다. 전시 진행을 위한 시설과 소품들에서도 내러티브(narrative)한 상황을 위해 의인화된 캐릭터를 등장시켜 스토리를 엮어 갔으며 만화의 나라답게 적절하게 활용된 공간 환경을 만들어주었다.

올림픽과 월드컵은 빠짐없이 독특한 캐릭터를 개발하여 마스코트(mascot)화한다. 역대 엑스포도 마찬가지였으며 아이치에서는 숲의 정령을 모티브로 한 '모리조 할아버지' 와 '킥코로 어린이' 를 캐릭터로 사용하였다. 각종 광고에 등장하며 귀엽고 친숙한 이미지로서 편하고 쉽게 엑스포를 홍보하고, 엑스포 관련 각종 상품에 활용되었다.

아이치 엑스포의 모리조, 킥코로를 아직도 기억하는 것은 입장할 때 입장권과 함께 받은 도토리 하나 때문이다. 숲에서 주운 도토리에 눈과 코를 그려서 나누어주었는데 엑스포 여행 내내 주머니에서 함께하며 두 캐릭터의 메시지를 줄곧 전해준 것 같다.

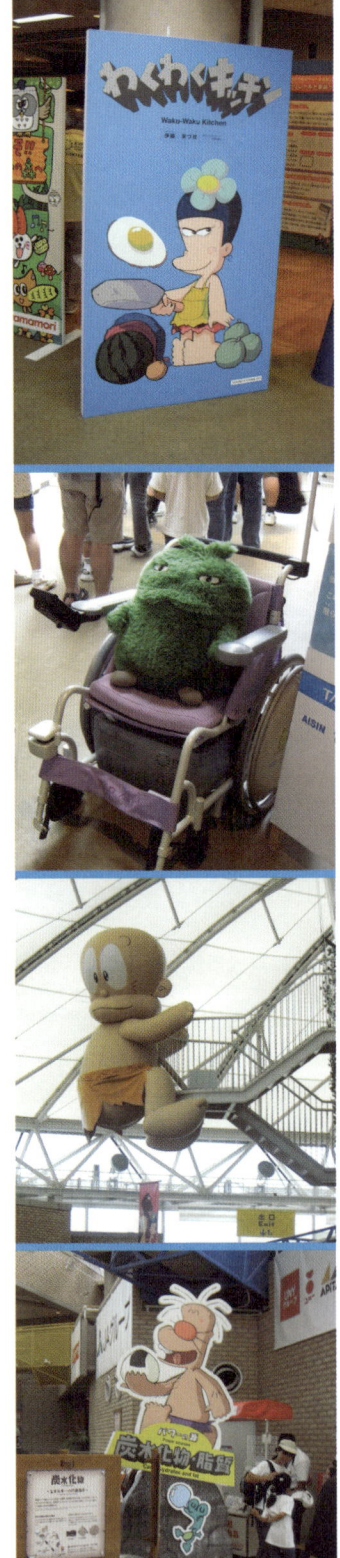

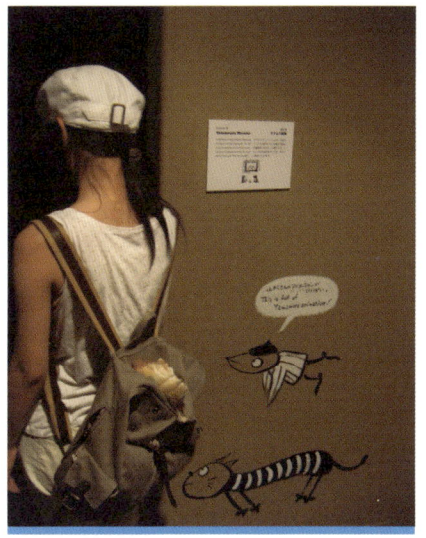

> 귀여운 캐릭터가 계속 말을 건다.

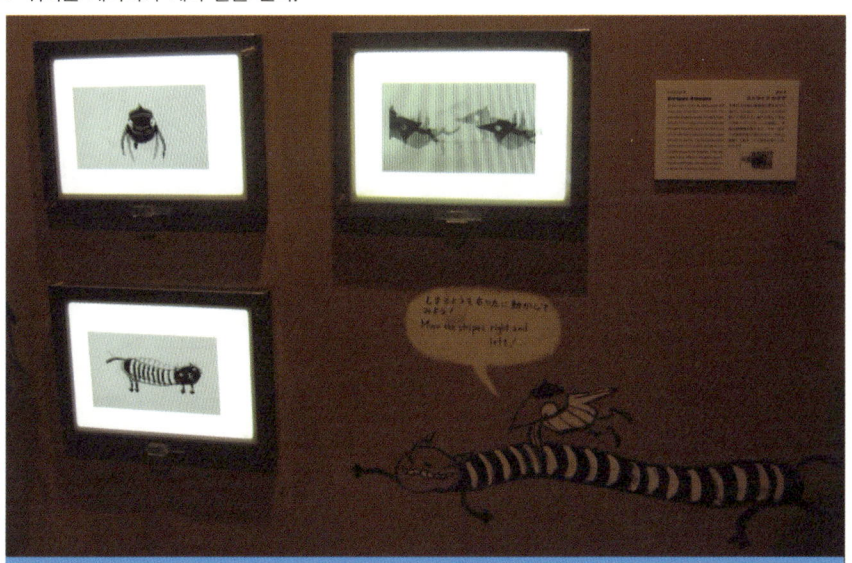

여수 엑스포 이야기 09

끝없이 펼쳐지는 엑스포의 쇼들

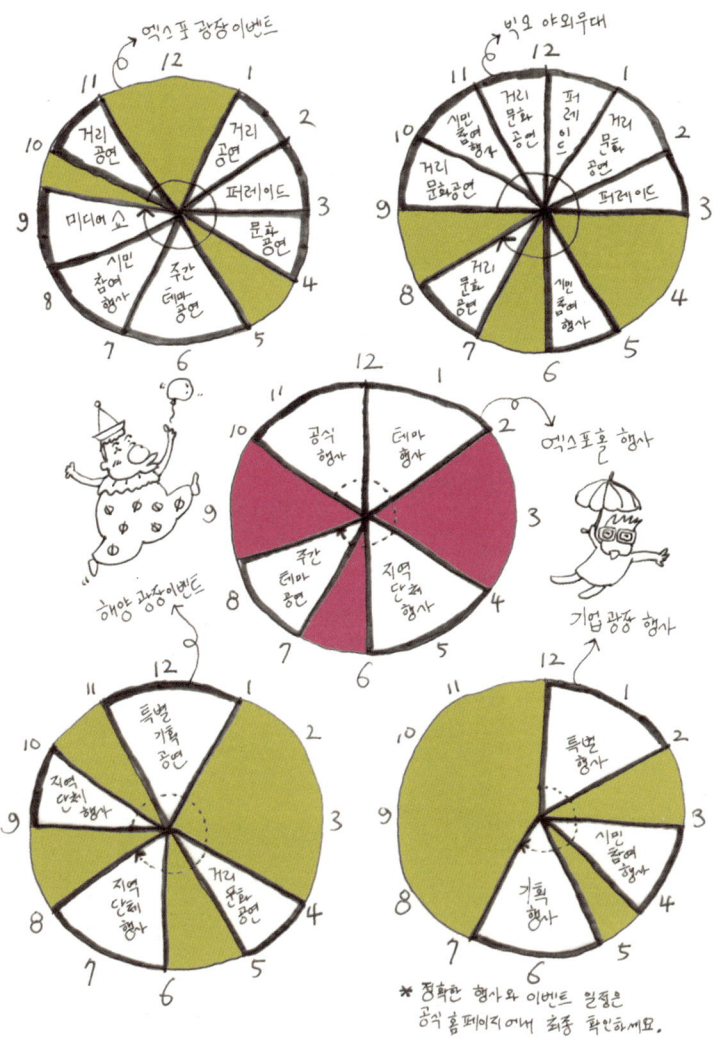

> 이벤트와 쇼가 아침 9시부터 밤 11시까지 차 있다.

여수 엑스포 관람포인트

퍼레이드 쇼 EXPO Parade Show

3개월간 열리는 여수 엑스포에서는 매일 40여 회, 총 3,700여 회 이상 계획된 문화 공연과 이벤트를 즐길 수 있다. 수변 공간인 빅오를 주무대로 하는 미디어 버라이어티쇼와 해상쇼, 초청 공연 등 다양한 대형 이벤트가 펼쳐질 예정이다. 초청된 세계 1백여 국가들이 독자적으로 준비하는 문화 공연까지 포함하면 말 그대로 여수 엑스포는 축제의 장이 된다. 관람객들이 직접 참여할 수 있는 프로그램과 해양 관련 국제 페스티벌을 포함하여 지자체 대표 공연과 해양 영화제 등이 준비되었으므로 인터넷 등을 통하여 사전에 관람하고자 하는 행사와 공연 그리고 이벤트에 맞추어 방문 계획을 세워야 하겠다.

▶ '꽃피는 바다' 축제의 '연안이' 모습. 세계 9개 나라의 친구들이 함께 움직이며 조수미 씨의 노래도 들을 수 있다.

1_개회식과 폐회식 그리고 특별 기념일 행사 엑스포의 시작의 의미가 담긴 개회식은 개막 축하 의식, 참가국 소개와 함께하는 퍼포먼스, 특별 기획 공연 등으로 구성되고 93일 동안의 대장정을 마무리하는 폐회식은 축하 콘서트, 참가국 대표단이 함께 진행하는 특별 퍼포먼스로

▶ 빅오의 스테이지를 편안하게 볼 수 있는 대규모 관람석.

계획되어 있다. 국가의 날(National Day)은 참가국 가운데 날짜를 지정해 각 국가를 소개하는 행사이며 특별 기념일(Special Day)은 국제 기구와 지자체 또는 기업 등의 날로 단체나 기업에서 문화 행사를 진행할 예정이다. 화려한 아시아와 유럽의 축제를 한자리에서 볼 수 있는 절호의 찬스이다.

2_바다의 공연 해양 퍼포먼스는 선박을 활용한 해상 쇼, 수상 무대를 활용한 수상 페스티벌이 있는데 빅오의 내해와 외해를 해양 문화행사의 공연장으로 활용하여 전통적인 해양 문화는 물론 새로운 해양 문화의 체험이 가능하다.

▶ 프로그램에 없는 깜짝 퍼포먼스도 돌발.

국내 외 예술가와 문화예술 분야의 스타들을 초청해 펼치는 특별 초청 공연은 하이테크 공연(High Tech Performance)과 해양 유적 페스티벌, 민속굿과 같이 가족과 어린이를 대상으로 기획되어 있으므로 가족 동반의 경우 주제를 정해 펼쳐질 매주 특별 기획 공연 관람을 고려하자.

여수 엑스포 관람포인트

3_ 한낮의 공연

'꽃피는 바다' 라는 주제로 펼쳐지는 회장 퍼레이드 쇼는 낮 이벤트의 핵심이다. 바다의 소녀를 주인공으로 구성된 스토리가 엑스포광장으로부터 엑스포 회장을 순회하는 퍼레이드로 시작하여 해상 무대의 피날레에서 마무리된다. 연안에 모여서

▶ 넘치는 예술의 공간, 엑스포의 한여름 풍경이다.

바다를 부르고 꽃이 되어 새로운 해양 문명의 미래를 만난다는 감성적인 스토리를 여수의 지역을 상징하는 동백꽃을 모티브로 구성하여 이해하기 쉬우며 특히 쇼의 마지막에는 '연안이' 와 '바다소녀' 의 만남과 함께 관람객이 함께하는 연안과 바다의 노래가 쇼의 클라이맥스가 된다. 하루에 한 번 하지만 1시간 반 정도 되는 공연이므로 반드시 시간을 확인하여 놓치지 않도록 하여야 한다.

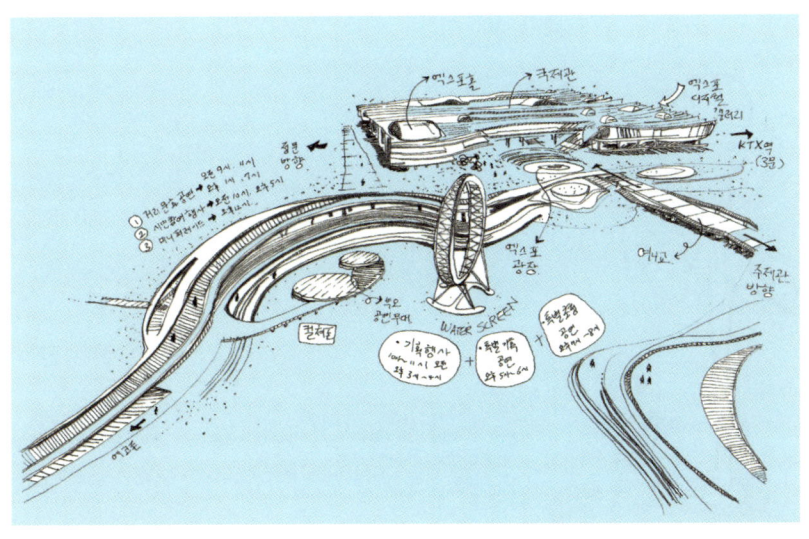

10 우리는 길을 잃고 말았다
Take a Break

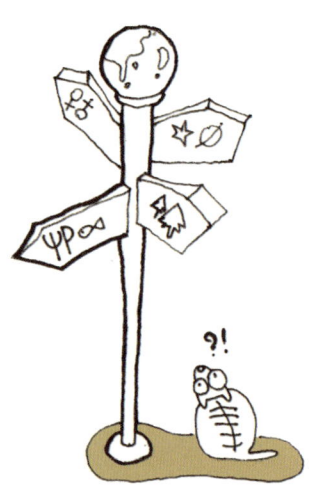

엑스포 회장의 편의시설이나 맵은 완벽하지 않거나 계속 보완 중일 때가 많다. 엑스포에서는 이해심만이 우리 하루의 계획을 지속시켜준다.

길 찾기를 위한 약속

엑스포처럼 몇백만 제곱미터 규모의 거대한 영역을 계획할 때는 공간 전체를 몇 개의 구역으로 나누고 각각의 구역을 쉽게 인식할 수 있는 시각적 기호와 함께 명칭이 부여된다. 주요 이동로와 전시존 그리고 주차장 등에서 방향을 찾기 쉽도록 기본적인 안내 정보의 규칙성을 머리에 담아두자. 주로 컬러(color)와 심볼(symbol)과 픽토그램(pictogram)을 사용하게 된다. 많은 정보가 한꺼번에 들어 있는 복잡한 엑스포 지도에서 나의 위치를 단번에 짚을 수 있다면 시간을 배로 활용할 수 있는 무기가 생긴 것이다.

▶ 다국어가 들어가야 하는 엑스포의 사인 계획에서는 컬러를 통한 정보위계의 분류가 우선시된다.
오늘 하루는 엑스포의 색이 주는 규칙성에 익숙해지자.

information system

> 대나무와 생분해성 플라스틱 시트를 사용한 사인물은 조립과 분해가 간편하도록 디자인되었으며, 태양전지를 이용한 LED 조명으로 친환경성을 지니고 있다.

키오스크_ 편리함과 쉼.

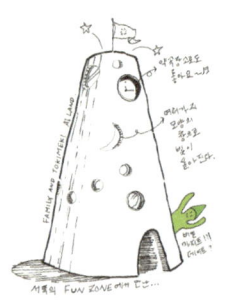

▷ 광장, 길모퉁이에서 어김없이 나타나는 오아시스.

가볍게 쉬기

최근의 자판기에서 나오는 물건들은 음료는 기본이고 음식물과 일상 용품까지 다양하다. 길거리나 황량한 곳에서 우연히 만나는 자판기가 오아시스처럼 반가운 곳이 엑스포라는 것을 매번 느낀다. 엑스포의 가게들은 모든 나라가 가격에 비해 맛에 실망했던 것 같다. 중간 중간 휴식과 충전을 자판기 옆에서 하는 것이 어떨까. 우연히 만난 마음에 드는 의자에 앉아 휴식을 취하고 음수대의 물을 틀어 목을 축여보는 것도 좋은 쉼표가 된다. 물론 여유가 되면 간단한 도시락도 좋은 방법.

> 예술가가 디자인한 아이치의 세면대.

> 계단 위의 벤치, 새로운 풍경과 쉴 수 있다.

빛과 함께 쉼

땀을 좀 식히게 되는 밤이면 은은한 조명 밑에서 사람들을 다시 바라보자. 낮에 본 엑스포의 풍경들을 떠올려보자. 다른 얼굴과 다른 감성이 중첩되고 다시 갈 길이 재촉되는 느낌이 든다. 그러면 휴식의 충전은 완료 상태.

아이치의 '물의 서커스 광장'이 그런 공간이 되어주었다. 꽃과 물 그리고 바람과 태양을 소재로 하여 '꽃의 지구'라는 조형물을 중심으로 물안개와 조명을 이용한 낭만적인 광경을 연출하였다. 이렇게 조명은 자칫 무기력해지고 쓸쓸해질 수 있는 엑스포의 밤을 풍요롭게 해주었다.

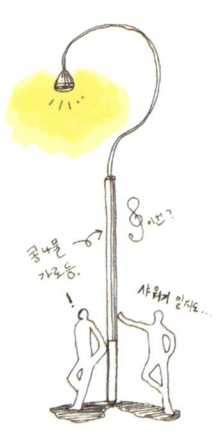

▶ 해가 제빛을 잃을때 비로소 깨어나는 가로등.
  가로등의 모양이 바뀌면 장소의 성격도 바뀐다.

쉬는 것도 쉽지 않다

모였다가 흩어지고 따라가다가 멈추기도 하는 수많은 사람들의 각양의 움직임과 날씨와 기온 등에 따라 선택적 자율 행태가 동시에 전개되어 아무리 설계를 잘하더라도 복잡할 수밖에 없다.

쾌적한 공간의 규모, 합리적인 정보 체계가 있다 하더라도 의도적으로 분산하고 방향을 지시하는 한편, 머무르는 공간의 수용성을 조절하고 사용하도록 실내외의 부가 기능을 검토해야 한다. 그리고 나서 부족한 부분에 방향 유도사인, 조명 기구, 의자 등이 편의를 위해 중첩되지 않도록 배치된다.

그러나 연휴 같은 특수한 기간, 단체 관람이 집중되는 시기에는 계획된 편의 시설이 부족한 현상이 발생한다. 특히 폐장하기 2, 3주 전은 계산된 수용 인원의 3, 4배 이상이 몰리게 된다. 땡볕으로 짜증이 난 내 바로 앞에 없는 벤치를 너무 탓하지 말자. 최고 입장 시기와 최저 입장 시기의 중간 정도의 평균치에 맞추게 되는 것이 합리적인 예산 계획임을 이해하고 쾌적함을 원하는 경우 폐장 직전 방문은 피하도록 한다.

> 해는 지지만 엑스포장의 열기는 더욱 뜨거워진다.

▷ 화단 속에 숨어 있는 시설물들 찾기.

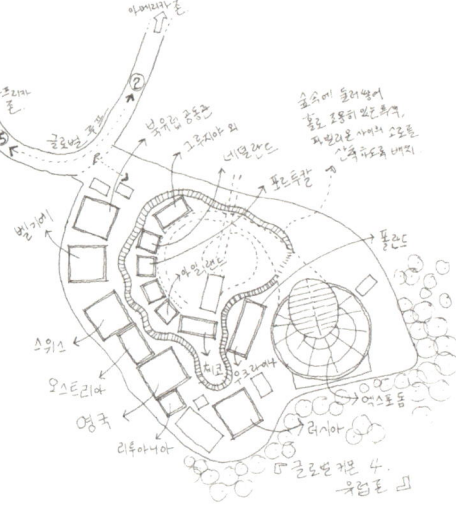

자연에서 쉬어가다

▷ 자연 속에 머물도록 배려한 파빌리온 배치계획.

네 번째 글로벌 커몬(global common)은 유럽의 나라가 모여 있었다. 남쪽의 거대한 숲을 향한 전망을 고려하며 동그란 파빌리온의 배치 형태를 이룬다. 건축물과 자연이 함께 공존하며 함께 전망을 만드는 곳은 그렇지 않은 곳보다 사람들이 더 머물게 된다. 비교하며 생각하고 이야기할 것이 많아지기 때문이다.

▷ 자연이 제공하는 공간 속에서 예술작품들과 쉬는 것이 최고의 휴식이다.

> 자연을 닮은 벤치는 목분을 이용한 리사이클 압축재로 제작되었다.

영국 파빌리온은 거대한 정원의 녹음을, 네덜란드 파빌리온은 물방울이 떨어지는 영상과 연못을 조성하였고 폴란드 파빌리온에서는 그들이 자랑하는 쇼팽의 음악을 들려주며 영상을 10면의 유리면에 투영하였다. 자연 속에서 듣는 클래식의 감동적인 선율을 상상해보자. 자연과 인간이 어우러진 이곳의 스위스 파빌리온에서 본 알프스 탐험에 대한 전시, 아일랜드 파빌리온의 켈트 민족의 문화에 대한 전시가 아직도 기억에 생생한 것은 자연의 아름다움과 함께했기 때문이라고 생각된다.

"자연은 가장 아름다운 디자인."

숨어 있는 엑스포 공간을 찾아보자

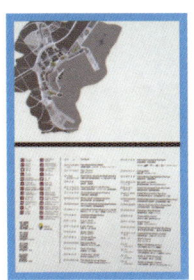

1_엑스포광장과 수변광장 EXPO Plaza

6천 명 정도가 모일 수 있는 엑스포광장은 세계인이 모여 함께 바다를 바라보며 엑스포의 테마를 공유한다는 개념의 공간이다. 분수(Global Water Jet)와 천막(Global membrane)을 준비하여 한여름의 날씨도 고려하였다. 여러 나라가 모이는 만큼 다양한 문화를 소통할 수 있는 열린 공간으로 엑스포의 구심 공간이자 랜드마크 기능을 하게 된다.

수변광장은 엑스포 기간 동안 다양한 문화 행사와 이벤트가 열리는 공간이다. 관람객들이 공연과 이벤트를 마음껏 즐길 수 있도록 여유로운 공간이 되어준다. 바다를 바라보며 공연을 즐기거나 피크닉의 장소로 활용하면 좋은 추억이 될 것이다. 또한 수변공원은 수변광장 주변에 조성되는 공원으로 폭 20m에 약 2km 정도의 나무 산책길을 조성해 관람객들이 엑스포 관람 중간 쉬거나 산책하는 공간으로 제공된다.

여수 엑스포 관람포인트

> 바다를 마주하는 여수 엑스포 광장, 물과 사람과 즐거움이 거리 거리 넘친다.

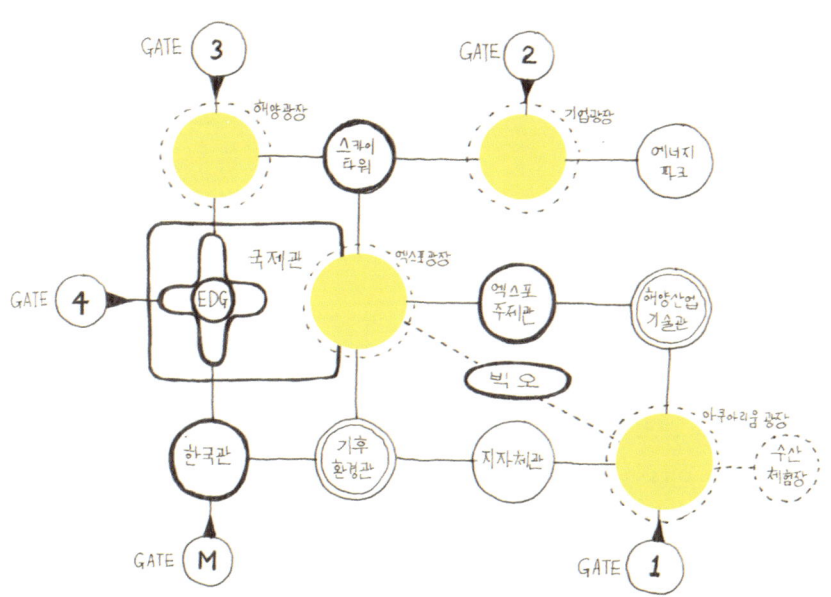

> 여수엑스포의 주요 4대 광장 위치도.

여수 엑스포 이야기 10

› 엑스포홀로 가려면 자연스럽게 EDG를 지나게 된다.

2_ 엑스포홀 EXPO Hall

엑스포광장과 마주하는 엑스포홀은 문화 행사와 학술 행사(Ocean Forum)를 개최하는 장소가 되고 주제 공연을 정기적으로 개최하는 장소로서의 역할을 하게 된다. 전문 음악 공연장과 멀티 퍼포먼스 극장 그리고 컨벤션 홀을 주기능으로 설계되었다. 개막식과 참가국의 공연, 특별 기획 공연, 폐회식 등이 이곳에서 열리게 된다. 엑스포 이후에도 이용되는 만큼 세계적 수준의 공연ㆍ연극ㆍ뮤지컬 등이 가능하도록 복합 문화 공연장으로 다목적 기능과 가변적 계획이 반영된 것이 특징이다.

여수 엑스포 관람포인트

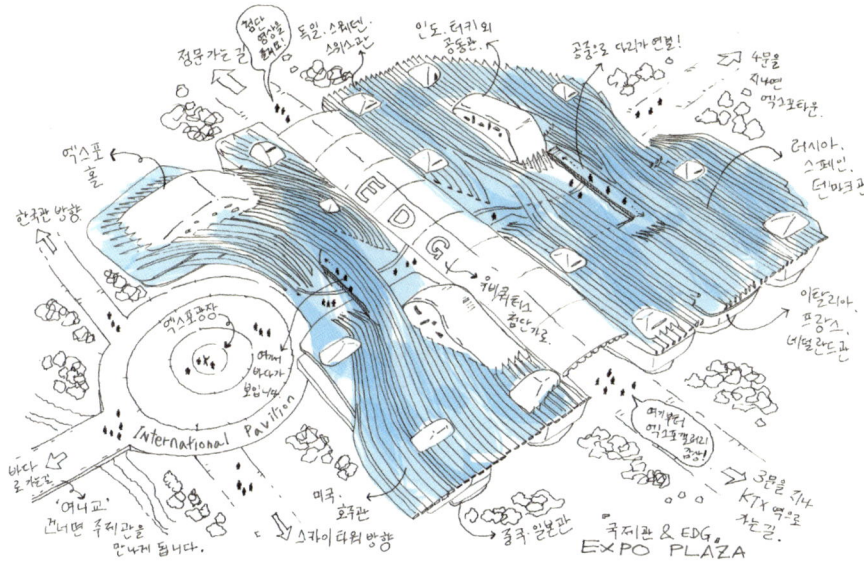

> 엑스포광장과 엑스포홀 그리고 EDG가 하나 되어 국제관을 이룬다.

Expo Tip

1. 엑스포광장의 계단은 의외로 전망이 좋다.
2. 엑스포광장의 풍경은 국제관 3층에서 잘 보인다.
3. 엑스포광장 옆으로 숨겨진 수공간이 있다.

성공적 관람루트 짜기!

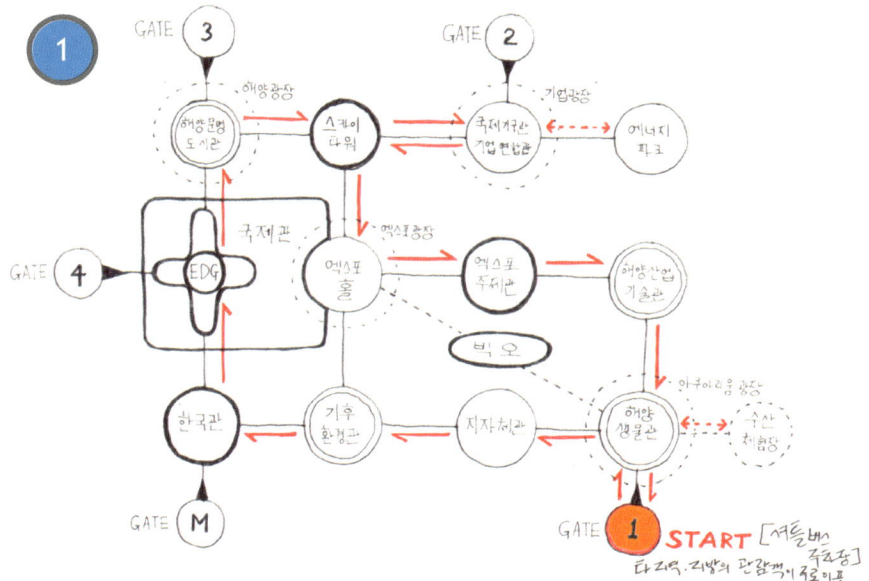

> Gate 1을 통해서 오동도도 가보자. 여수엑스포는 1번 재입장이 가능하다.

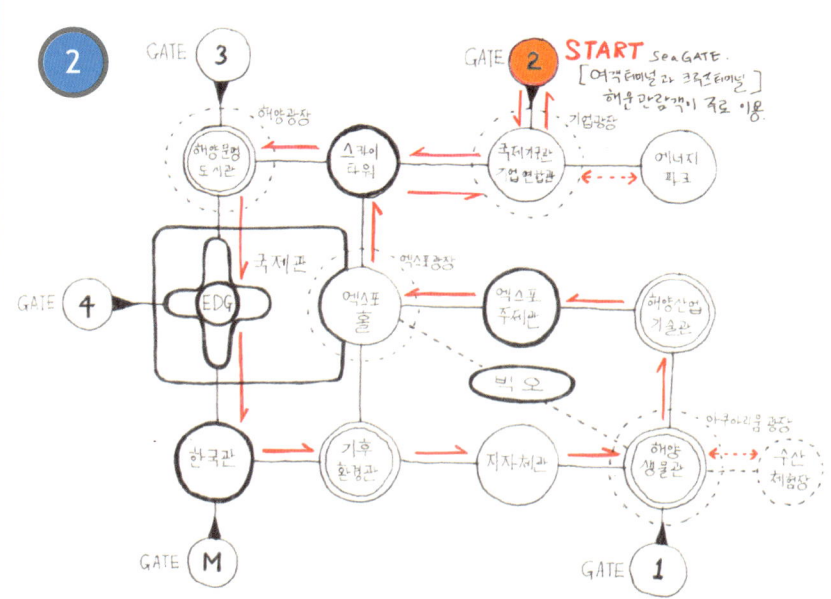

> 만약, 아주 만약에 배를 타고 온다면 Gate 2

여수 엑스포 관람포인트

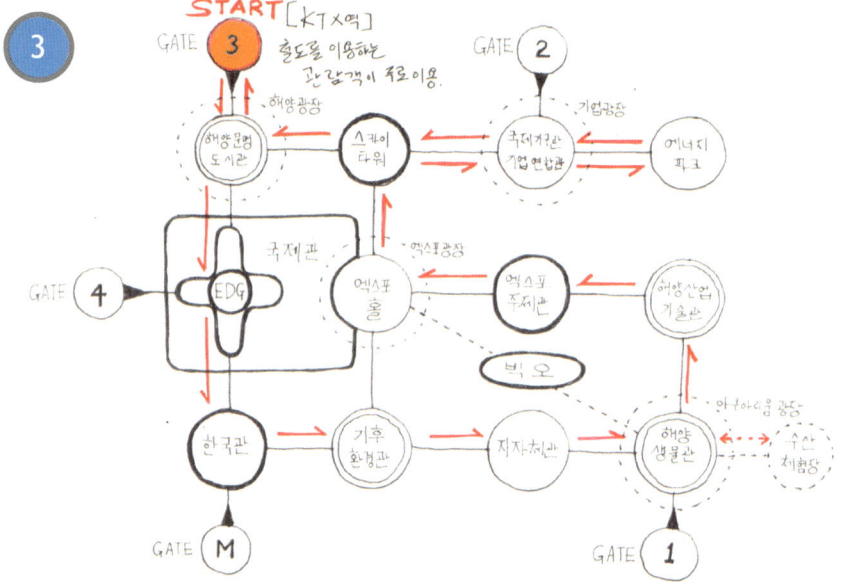

> 가장 편리한 Gate 3, 기차역에서 내리면 바로 엑스포장!

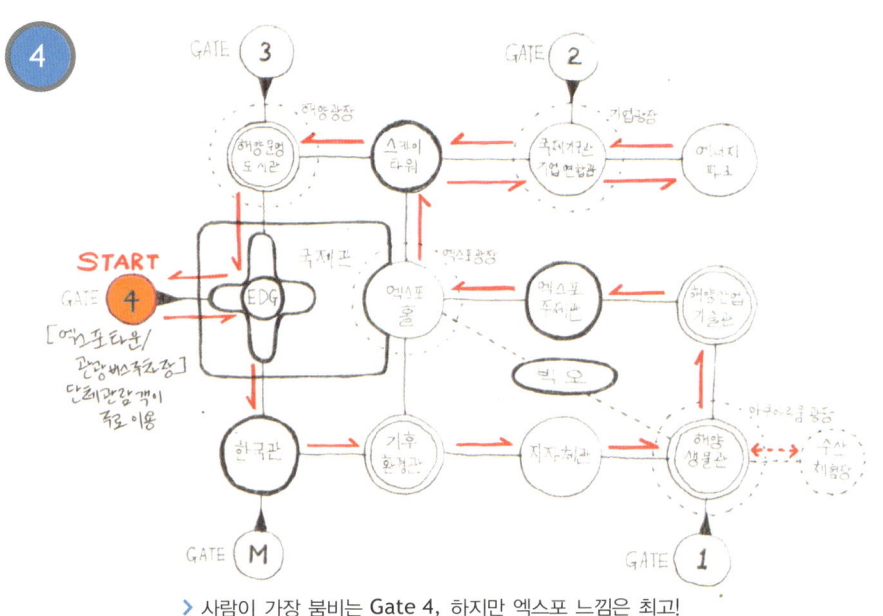

> 사람이 가장 붐비는 Gate 4, 하지만 엑스포 느낌은 최고!

여수 엑스포에 관한 정보 http://www.expo2012.kr/

여수 엑스포 자원봉사에 대한 정보 http://www.yeosuexpo.go.kr/index.do

여수 엑스포 운영 관련 정보 http://www.2012expohr.org/

Stage 3
Colorful Theme
무지갯빛 테마

11 초감각적 엑스포 Touch and feel the Media
12 몸으로 논다 Play with your body
13 모든 것이 색 그리고 또 색 United Color and Space
14 시간 속의 빛, 공간 속의 그림자 Light becomes Shadow
15 나를 찾는 여행, 나다움에 대하여 Shortest Theme Trip

11
초감각적 엑스포

Touch and feel the Media

최근 엑스포의 테마는 텍스트와 이미지 외에도 미디어 아트라는 방법을 통해 구현된다.

> 관람객은 작가가 만들어낸 미디어 속 세상을 보고, 듣고, 만지며 상호작용하는 경험을 하게 된다.

Self Control

> 교감된 미디어의 주체는 관람객 자신이 된다.

Digital and Media I

오페라에 서막을 두고, 영화에 클라이맥스를 구성하는 것처럼 스토리를 따라 전개되는 공간의 연속적 구조에서도 긴장을 완화시키고 고조시키는 완급에 대한 조절은 여러 가지 매체(medium)를 활용하여 이루어진다. 해당 콘텐츠를 분석하여 오감 가운데 가장 효용적인 부분을 고민하고 필요한 경우 하나 이상의 감각, 즉 공감각적인 테크닉을 설정하는데 최근에 많이 등장하는 디지털 미디어 기반의 전시가 그것이다. 이렇게 인간의 기본 감각을 활용하는 전시는 순간적으로 관람객들을 아이처럼 순수하게 만들어주기도 하고 이내 가슴속에 감동의 메시지를 각인시키는 '보이지 않는 효과' 들을 공간 속에 디자인해나간다.

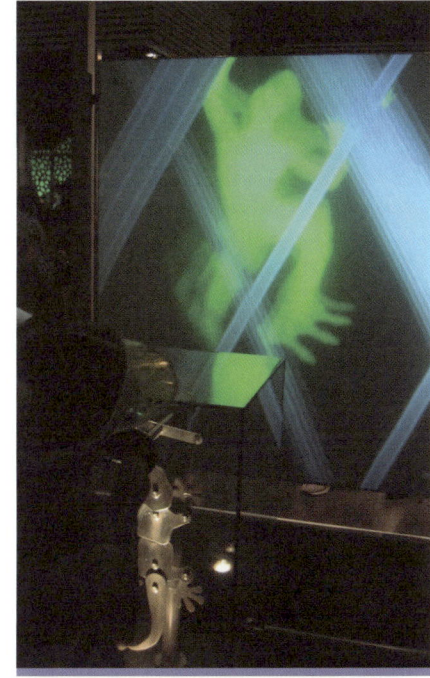

> 세계 엑스포의 관람객의 규모가 커지면서 디지털 매체는 쾌적한 관람을 하도록 도와주고 있다.

› 콘텐츠가 변화되며 시간의 흐름 속에 움직이는 공간을 체험한다.

Digital and Media II

화려한 조명과 음악이 꺼진 클럽에서는 사람들의 움직임이 자연스럽게 보이진 않을 것이다. 마찬가지로 흔히 전시관에서의 풍경은 동물원 같은 느낌이 든다. 수족관 앞에 줄을 서는 것처럼 경직되고 의무적인 광경을 보면 아쉽다. 좀 더 감각적으로 공간의 분위기에 리듬을 타보는 것은 어떨까. 구경하고 관찰하는 전시가 아니라 즐기고 느끼는 전시로.

› 만지면 반응하는 공간,
　서로 주고받는 공간의 역할.

> 안에서 새어나오는 빛으로 관람객을 끌어들인다.

> 미디어를 통해 변화를 주면 단일 공간에 여러 가지의 목적성을 갖게 할 수 있다.

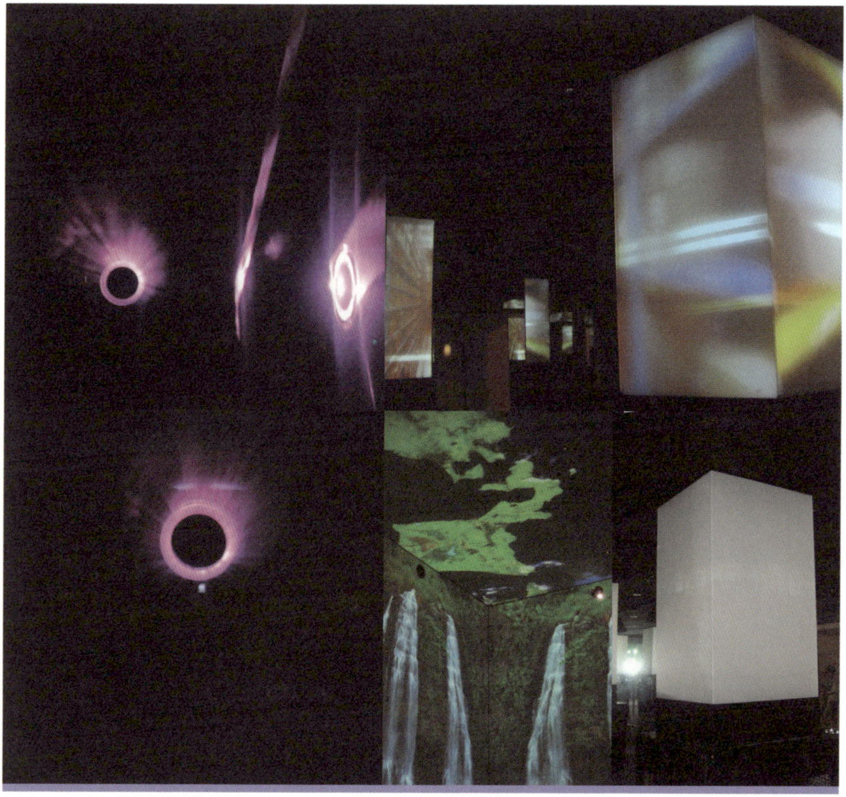

감응하는 스토리

▷ 희미하게 빛나는 연줄을 따라 도착한 곳에는 피뢰침을 발명한 그가 있었다.

아메리카 국가들이 모인 두 번째 글로벌 커몬은 작은 수공간을 중심으로 주변의 숲을 배경으로 인접한다. 동화 같은 풍경이 연상되는 이곳에서 파빌리온들은 각각의 이야기를 들려준다.

미국 파빌리온은 벤저민 프랭클린(Benjamin Franklin 1706-1790)이라는 대표적인 정치가이며 과학자를 중심으로 스토리를 풀어가면서 미국적 정신을 관람객에게 전달하고자 하였고 이를 강조하기 위해 미국 전 지역에서 국민들의 메시지를 디지털 매체를 통해 실시간으로 받아서 보여주었다. 캐나다 파빌리온의 사이버 익스플로러 살롱(cyber explorer salon)도 캐나다의 일반 가족들과 네트워크(network)를 통해 커뮤니케이션 할 수 있는 양방향 체험이 마련되었다. 국제연합 유엔관은 1937년 파리 엑스포를 위해 피카소(Pablo Picasso 1881-1973)가 그린 게르니카(Guernica)의 태피스트리(tapestry)를 디지털 영상화하여 인류의 평화에 대한 이야기를 미디어 아트(media art)라는 방법론을 통해 우리가 생각하는 미래의 이미지로서 보여주며 관람객들에게 여운과 감동을 주었다.

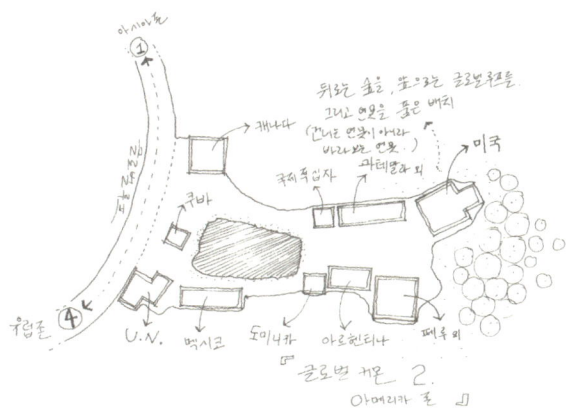

> 주변 환경과 소통하는 배치계획.

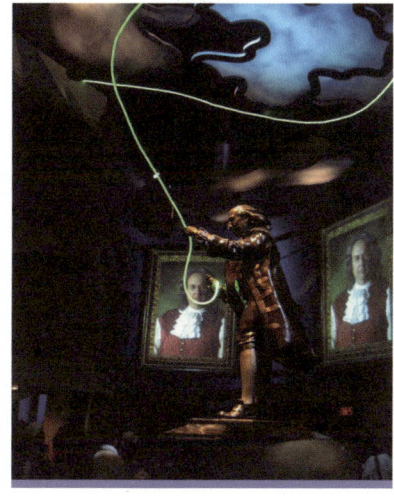

> 전시 스토리의 단서

> 불규칙하게 분절된 스크린의 임팩트.

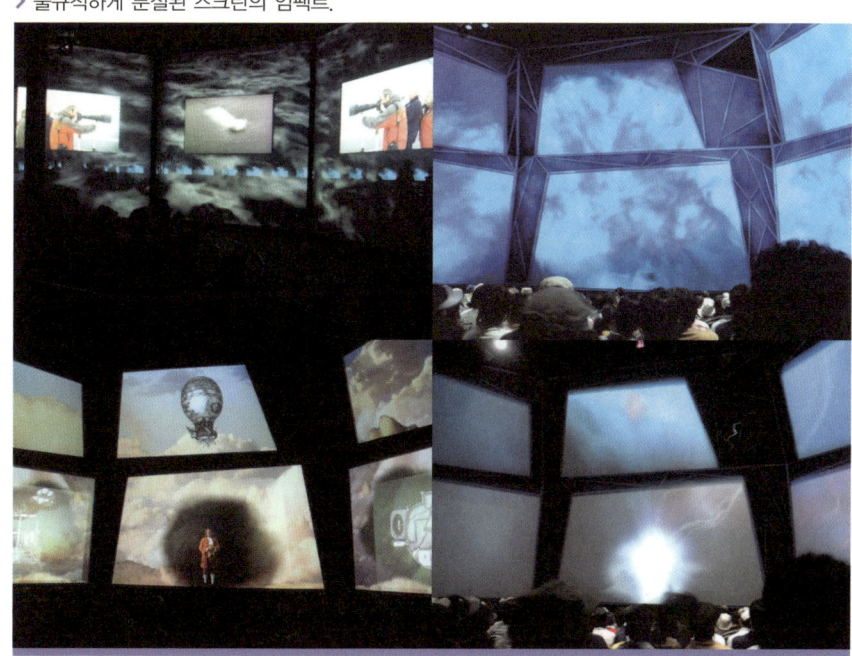

> 같은 스크린에 정지영상과 동영상이 공존하며 스토리를 이끈다.

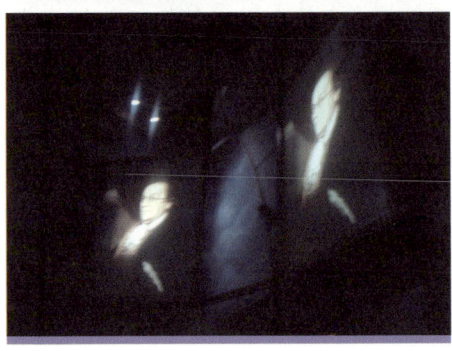

> 프랭클린의 안내로 자연의 지혜로부터 얻은 발견과 기술을 입체적으로 소개한다.

초월된 감각

우리는 어제 꾼 꿈에 대한 기억의 명확성은 의심하지만 느낌은 부정하지 않는다. 꿈의 세상을 통해 두 가지의 삶을 경험하는 것처럼 각자는 자신의 꿈과 판타지(fantasy)의 세상을 하나 더 가지고 있다. 과거와 미래, 꿈과 현실 사이의 모호함은 인정하지만 존재를 부정하지 않는 이유가 내면에 있을 것이다. 이런 이질적인 상황에 사람들이 만족을 찾는 방법 가운데 하나가 미디어 체험이다. 상상과 감각의 유연성으로 메워지게 되는 간극과 그 사이 공간에서 발생하는 인터랙션(interaction)을 즐겨보자. 내가 꾸었던 꿈을 다시 만나고 붙잡을 수 있는 경험을 하게 된다. 이제 꿈과 현실의 다리를 건네게 되었다.

▷ 착시와 같은 감각의 조절 효과는 엑스포 연출의 큰 부분을 차지한다.

▷ 물로 만들어진 돔은 스크린이 되어 생명의 신비를 투영한다.

여수 엑스포 이야기 11

독특한 환상적 체험이 가능한 엑스포

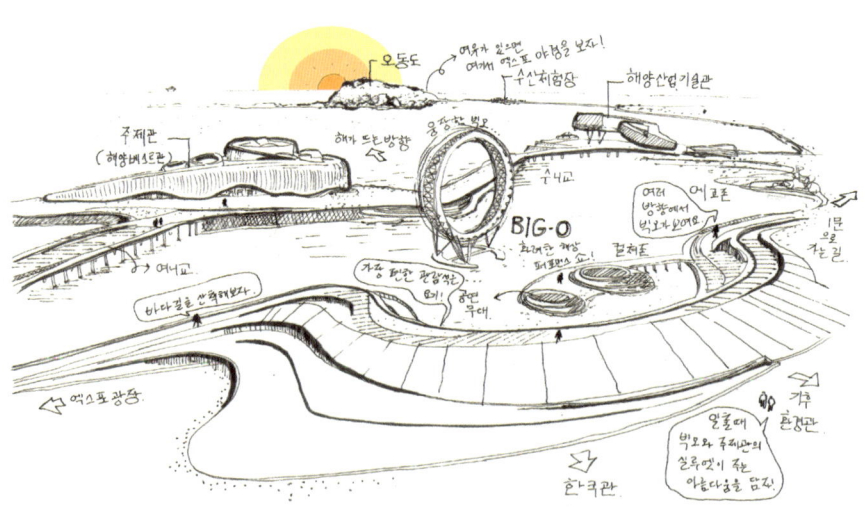

▶ 여수 엑스포 퍼포먼스의 주인공 빅오의 무대.

여수 엑스포 관람포인트

빅오 BIG-O

빅오(BIG-O)라 불리는 공간은 '바다와 연안의 보호 그리고 공생'의 의미를 담고 있는 상징적 시설이다. 그 가운데 'THE-O'는 지름 43m의 거대한 O 모양의 구조물이다. 해양(Ocean)의 'O' 와 숫자 '0' 을 뜻하며 바다를 통한 새로운 출발을 표현하고 있다. THE-O 안에서 가동되는 물로 만드는 스크린(water screen)에서는 영상이 투영되고, 주변부에서는 분수, 안개, 화염, 조명, 레이저의 특수 효과가 연출되어 장관을 이룬다. 30분 정도의 쇼타임으로 진행되는 바다를 무대로 펼쳐지는 초대형 멀티미디어 쇼는 반드시 봐야 할 필수 코스이며 이벤트이다.

▶ 빅오의 진가는 밤에 나타난다.

빅오는 닫힌 전시관이 아니며 실내에서 구현할 수 없는 자연과 직접 마주하는 새로운 개념의 엑스포 공간으로 바다를 주제로 한 여수 엑스포에서만 경험할 수 있는 아주 특별한 장소가 되어줄 것이다.

― 여수 엑스포 이야기 11 ―

> 빅오 관람스탠드가 붐비면 반대편인 주제관 쪽에서 볼 수밖에 없다.

여수 엑스포 관람포인트

주변으로는 에코 존(Echo Zone), 컬처 존(Culture Zone), 워터 존(Water Zone)을 관람하며 육지와 주제관을 연결하는 여니교, 수니교를 건너보자. 인공 습지와 해변의 이벤트 무대 등 박람회 주제를 반영하고 다양한 체험이 가능한 시설물들을 자연스럽게 만나게 된다. 초대형 해상분수와 물속에 잠겼다 떠올랐다 하는 해상 무대인 '이어도'가 빅오와 함께 구성되어 있다. 엑스포 후에도 남아 엑스포를 기억하게 하며 여수의 상징이 될 것이다.

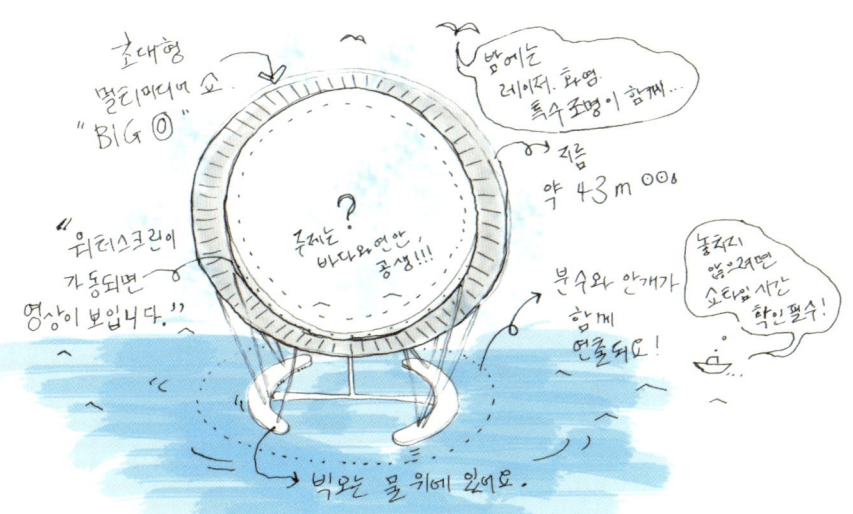

12
몸으로 논다
Play with your body

愛知グリーンマップ 2005
グリーンマップ1号 Aichi Green Map 2005 -Green Map Factory-

직접 내 손으로

학습을 위해 인간의 직접적 신체 움직임은 매우 유용하다. 전자적 미디어가 다중감각으로 공감각적 상상력을 자극한다면 핸즈온(hands on) 전시는 하나의 감각에 집중하게 하는 몰입의 특성이 있다.

엑스포 각 파빌리온의 홀과 라운지에는 이런 체험형 프로그램이 많이 진행된다. 크고 작은 워크숍(workshop) 테이블에서 가족과 함께 손을 움직여가며 추억을 만들 수가 있다.

그룹을 만들어 진행하거나 재료가 한정적이며 세팅 시간이 소요된다. 따라서 주동선에서 분리된 곳에 설치되거나 메인 전시의 뒤편에 따로 준비된다. 사전 예약을 하거나 미리 현장 예약을 하고 다른 곳을 들렀다 오는 융통성이 필요하다.

> 전시물과 최대한 가까이

> 만져보고 들어보고 들여다본다. 몸으로 경험한 것은 쉽게 잊히지 않는다.

> 내가 주인공이 되고 나의 참여로 완성된다.

아날로그한 체험의 이면

박물관이나 유명 관광지의 기념 스탬프는 요즈음은 인기가 없다. 스탬프의 잉크가 손에 묻는 것도 싫은 모양이다. 판화처럼 하나의 스탬프로 여러 개를 만들 수 있는 매력, 각각의 장소에 대한 기억을 지속시켜주는 아날로그한 맛으로 지인 중에 일본 사찰을 돌며 스탬프를 찍어 수첩으로 모으는 분이 계시다. 엄청난 양이었다. 어렸을 적 우연히 시작한 습관적인 체험이 축적이 되어 하나의 작은 역사와 기록이 된 모습이 부러웠다.

엑스포에는 그냥 지나침으로 버려지는 콘텐츠가 무척 많다. 시간의 누적은 돈으로 살 수 없는 가치 가운데 하나이다. 반면에 요즘은 쉽고 빠른 디지털 중심의 문화가 일상의 많은 부분을 차지하고 있다. 신속하고 감각적인 반응에 익숙해질수록 전시관이나 박물관의 기기나 코너에 진중하지 않은 경향이 늘어남을 느낀다. 시간을 들이지 않는 행동과 움직임에서 얻을 수 있는 것은 많지 않다. 스윽 스치면서 버튼을 장난처럼 눌러보기보다는 좀 더 머무르면서 생기는 가치를 챙겨갈 수 있으면 좋겠다.

 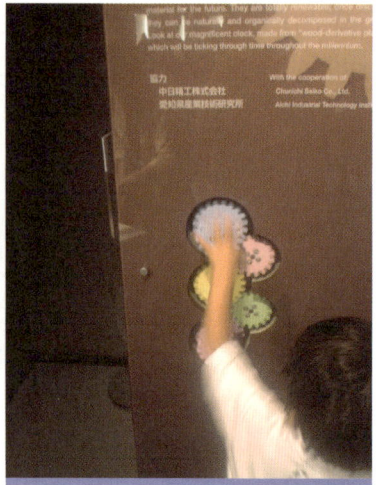

▶ 숨겨진 답을 찾기 위해서는 스스로 찾아보고 실행해야 한다.

작은 움직임이 의미가 되는 이유

사찰 앞에서 우연히 돌탑들을 만나면 드는 생각이 여러 가지가 있겠지만 시작과 끝에 대한 궁금증 외에도 넘어지지 않고 계속되는 지속성에 대한 경외감이다. 서로 다른 사람이 대화하는 것처럼 균형을 생각하며 나름의 질서를 유지하는 한, 계속 자라는 돌탑이지 않던가. 이 이름 없는 탑은 하나의 생명력을 지속한다. 돌탑처럼 세계 엑스포가 계속 반복되는 것, 그 반복되는 대화 사이에 우리가 얻는 것들이 있다. 간단하고 중요하지만 정작 엑스포 안에서 쉽게 잃어버리기도 하는 마음가짐이다.

교류를 통해 얻어지는 것

'NGO' 지구촌에서는 다양한 시민 참가 프로그램을 준비하고 체험을 하며 공공(public)을 생각할 수 있는 워크숍이 진행되었다. 노래와 춤, 콘서트와 게스트 토크쇼, 라이브 영상을 상영함은 물론이고 심포지엄을 통해 인류가 직면한 과제와 지속 가능성에 대한 활발한 교류가 펼쳐졌다.

'웰컴하우스(welcome house)'에서 흘러나오는 시민방송국의 방송은 직접 이러한 메시지를 전달해주었고 산림에 대한 체험 프로그램은 자연을 관찰하고 자연 속에서 숨 쉬고 걸으며 인간과 자연의 관계를 재발견할 수 있도록 개발이 아닌 공존의 콘셉트로 진행되었다.

▶ 옹기종기 앉아 만들어본다.
바라보는 관람에서 참여하는 관람으로.

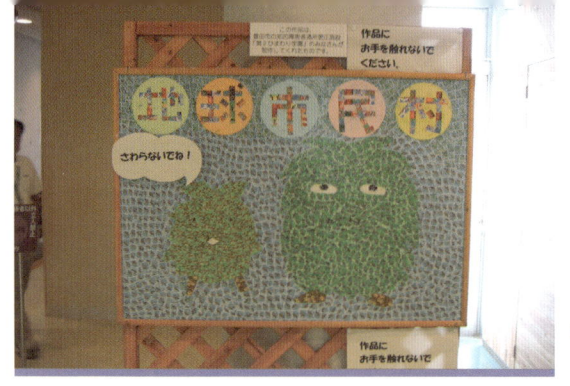

> 스스로 참여하고 만든 엑스포의 가치를 공유한다.

> 나무를 만지고 나무에 오르며 자연을 보다 가까이에서 즐긴다.

참여하여 빛나는 축제

아이치는 지금까지의 엑스포가 정부와 기업 중심으로 주도되었던 형식을 탈피하고자 시민의 참가를 유도하기 위하여 많은 노력을 기울였다. 그 결과 무려 200여 개의 **NPO**(Non-profit Organization)와 **NGO**(Non-governmental Organization)가 참가해 이벤트나 워크숍을 주도하였고, 10만 명 이상의 시민이 참가했다.

지금까지의 '보여주는 엑스포'에서 '참여하는 엑스포'로의 전환은 엑스포라는 이벤트가 이제는 국가별 발전상의 과시보다는 우리 모두가 직면한 문제, 아직 해결되지 않은 그 무엇에 대한 해결의 방안으로서 가능성이 높아지는 것을 의미한다.

▶ 직접 시민이 참여한 작품들도 마주하게 된다.

여수 엑스포 이야기 12

엑스포는 몸으로 체험하는 삶의 현장

해양체험공원 Coastal Park

에너지파크 입구의 전통 어업과 첨단 어업을 직접 체험해보는 원양어업 체험장에서는 모형 원양어선 시뮬레이션을 통해 원양어선을 타고 떠나는 경험을 하고 냉동어장에서는 냉동 및 통조림 제조 과정을 볼 수 있고 야외에 설치되어 있는 어전, 각망 등의 미니어처를 통해 우리 조상들의 고기잡이 지혜를 학습할 수 있다. 여수신항 서방파제의 친수데크 부근에 위치한 연안어업 체험장에서는 연안어업의 변천 과정을 한눈에 살펴볼 수 있도록 연안어선을 전시하고 미니양식장 시설과 이동식 바다 숲을 전시하여 어로 장비를 둘러보거나 양식장의 물고기와 조개류 등을 눈으로 확인할 수 있다.

해양체험공원은 남해안의 해양 생태 체험을 할 수 있는 교육의 공간으로 인공 습지, 인공 해변 등을 여수신항 콘크리트 호안의 일부에 조성하여 모래사장, 습지 등의 환경으로부터 가족 단위의 관람객과 학생, 어린이들이 체험을 통해 연안의 중요성을 인식할 수 있도록 계획되었다.

여수 엑스포 관람포인트

> 외부체험은 날씨와 시기에 따라 탄력적으로 운영된다.

— 여수 엑스포 이야기 12 —

에너지파크 Energy Park

신재생 에너지 첨단 기술 시현 및 체험의 공간으로 관람객이 쉬면서 자연스럽게 미래의 첨단 녹색 에너지 기술을 체험할 수 있다. 생산단지에서는 회장 내에 전기를 공급하는 신재생 에너지 태양광 발전 시설과 에너지 홍보관이 있다. 체험 시설로는 에너지 오케스트라, 자전거 물대포, 댄스 플로어 등이 있어 현장 교육의 장으로 활용이 가능하다. 에너지 체험 시설 및 휴식 공간 등이 조화된 공원이 에너지파크이다.

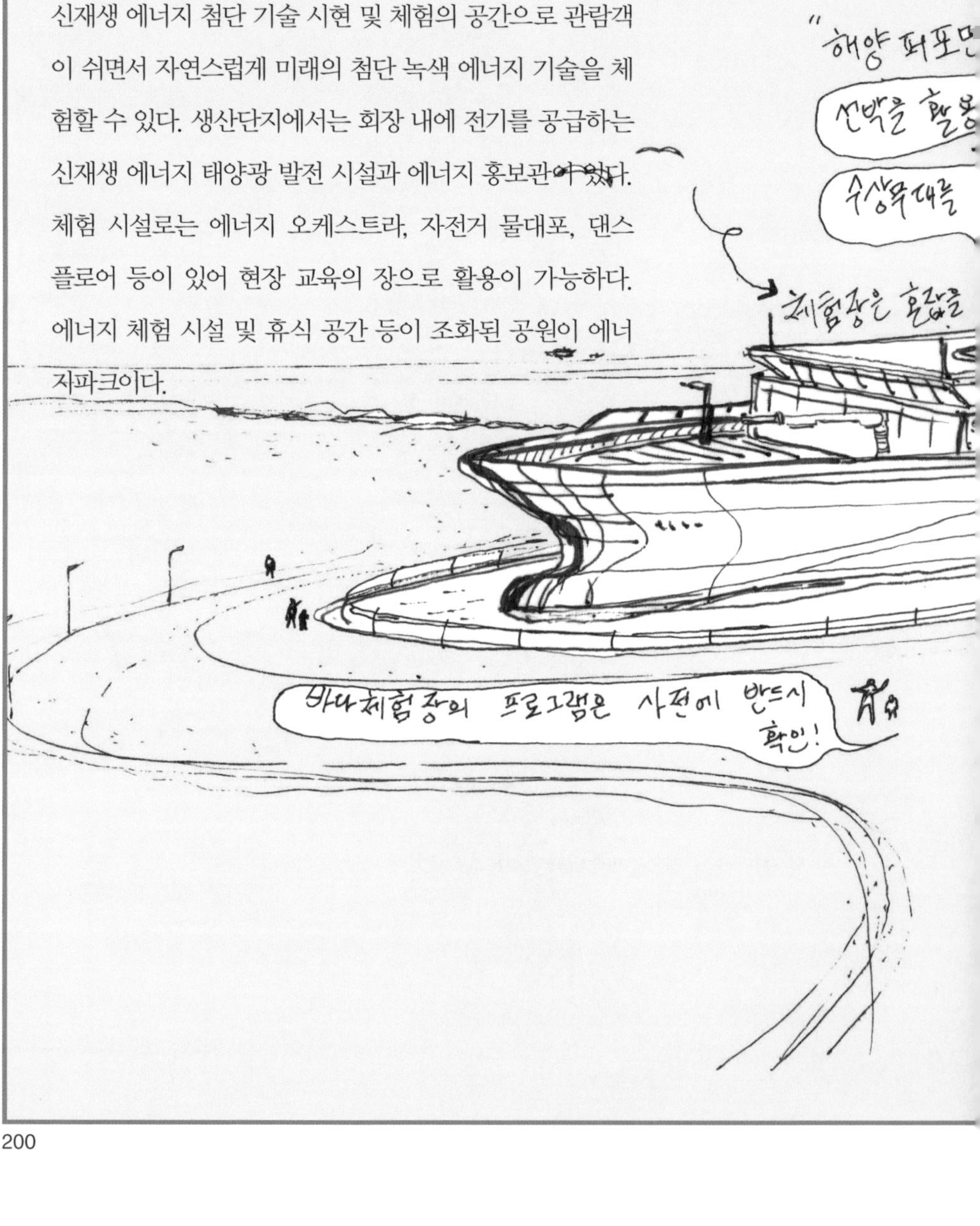

"해양 퍼포먼스
선박을 활용
수상무대를
체험장은 혼잡할

바다체험장의 프로그램은 사전에 반드시 확인!

여수 엑스포 관람포인트

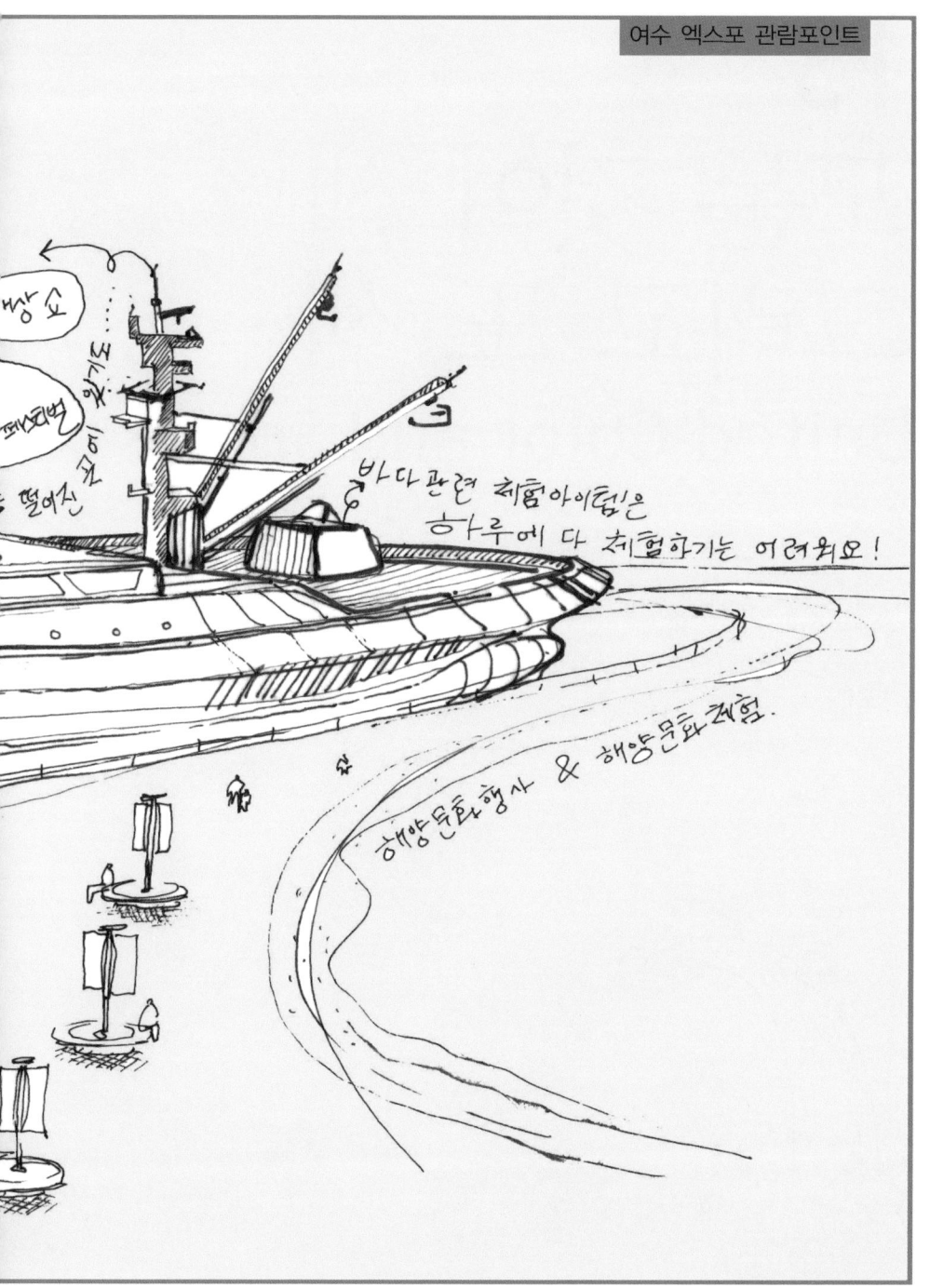

13
모든 것이 색 그리고 또 색
United Color and Space

여러 나라의 공간들 속에서 각 국가의 고유한 색을 접한다. 색으로부터 분위기에 동화된 경험은 겹겹의 기억과 추억으로 더 강하게 자리 잡는다.

색을 따라 말하기

세계의 여러 나라가 참여하고 각국의 사람들이 방문하는 세계 엑스포에서 '기호와 약속의 수단'에 색을 가장 우선시하게 된다.

월드컵의 국가별 유니폼의 색이 민감하게 이야기될 때도 있는 것처럼 과거 민족 또는 부족 간에 고유의 색을 정하고 영역이나 상징에 활용하며 무리나 집단을 규명하지 않았던가.

이데올로기의 시대는 물론이고 시각으로 시작하여 감성으로 전달하는 메시지도 그것이 사회적, 정치적이라 할지라도 색을 도구로 사용해왔다.

현대는 각 문화의 대표색으로서의 기능이 높아진 만큼 세계 엑스포 공간에는 무수히 많은 색들이 있다. 같은 색이라도 나라마다 해석하는 점이 다르고 어떤 공간, 어떤 물건인가에 따라 느낌이 다르다. 세계 각 나라의 문화 차이로부터 시각적 커뮤니케이션이 다르다는 것을 한자리에서 느낄 수 있는 기회로 엑스포보다 좋은 곳은 없다. 아울러 색은 인종, 국적, 연령을 초월하는 유일한 디자인 도구이다.

green space

> '포우나무'로 불리는 거대한 비취 원석은 5년 후 상하이 엑스포에서 다시 만날 수 있었다.

> 전시공간 속의 그린은 기대감과 생동감을 동시에 준다. 전후의 인과관계가 강한 공간에 주로 나타난다.

> 푸른색은 공간에 나타나는 선의 맵시를 살려준다.

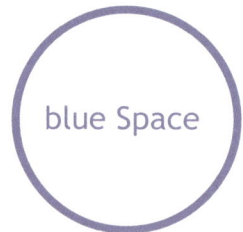 blue Space

춤추는 실루엣으로
표정 짓는 공간

> 화이트가 주는 신비로움은 안정감 속에 호기심을 던져준다.

공간 너머의 신비로움으로
가득한 색

엑스포디자인여행 207

> 매혹과 상상의 색, 레드. 과하지 않다면 전시 관람에 악센트가 되어준다.

red Space

짙은 농도와
질량감의 분위기

> 붉은색이 거리로 나오면, 사람들에게 활기와 리듬감을 선사하게 된다.

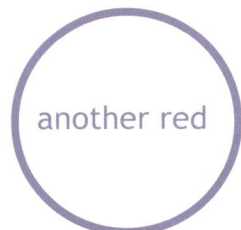
another red

한여름 거리 축제의
대표적인 색

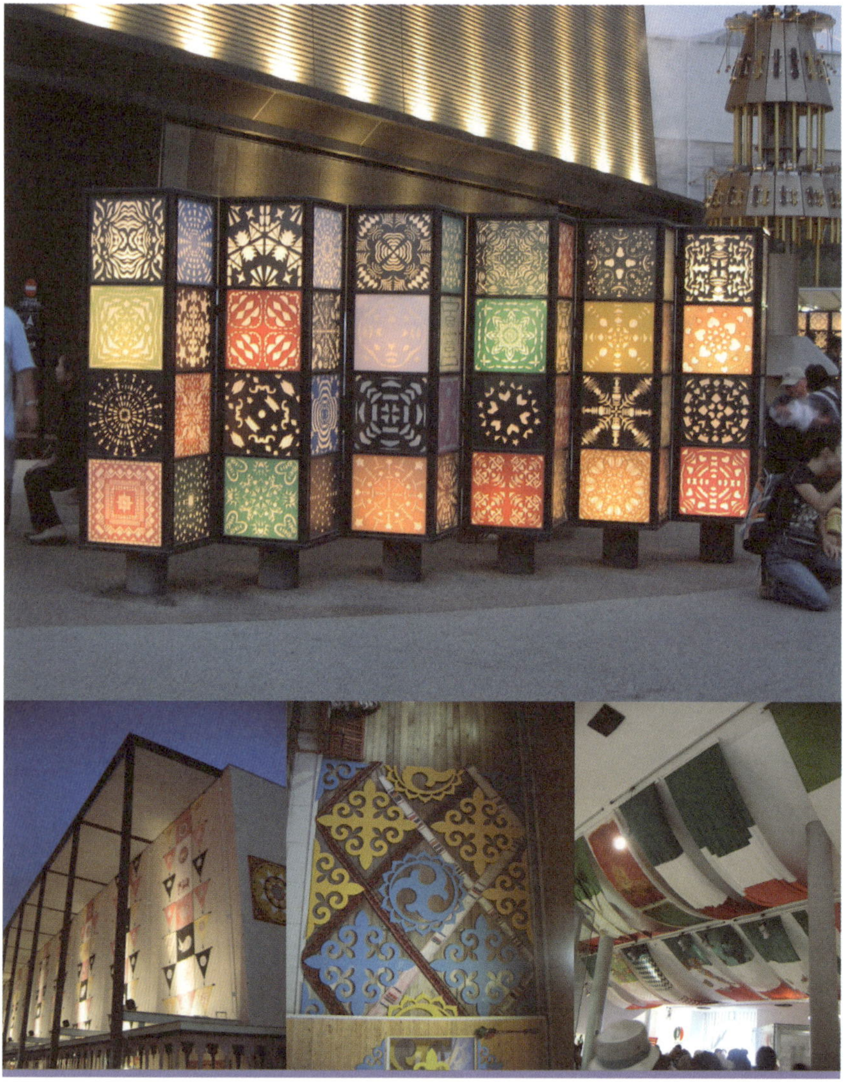

> 종이로 만든 공예 조형물의 색은 민족적 특성의 상징.

traditional color

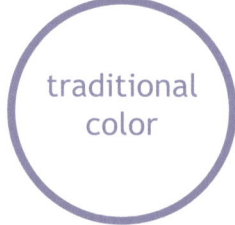

각 나라의 전통색은 시간이 쌓여 만들어진 제3의 색

기억할까, 그 장소의 색

디자인 대상의 아이덴티티를 규명하는 데 그것이 무색이나 무채색일지언정 '색' 그 자체를 고려하지 않는 경우는 없다. 원시 미술이나 벽화에서도 나타나는 것처럼 1차적으로는 색이 고려되고 조형적 특성이 인지된다. 이 파워풀한 색의 특성을 엑스포 공간에서는 어떻게 활용하는 것이 좋을까. 경험 후 심상과 머리를 통해 에 기억되는 코드로서 색은 파워풀하다. 브랜드에서도 마케팅을 위해 중요하게 활용하는 것처럼 공간에서도 그 공간감의 여운과 기억을 지속시키고 유지하기 위해 활용한다. 따라서 대중적 선호의 색보다는 연출에 필요한 기능적 색을 유추하여 공간의 배경색, 요소의 강조색 등을 설정하여 그 균형을 만든다.

본디 안료는 재료의 본질에서 나오는 색이다. 자연의 물질로부터 추출하는 직접적 색, 원초적 색이기에 색상, 색감으로부터의 본질이 느껴질수록 '공간감'은 우리의 마음을 움직인다.

도료에 의한 색이든, 빛에 의한 색이든 지금 있는 공간의 색들을 그림처럼 눈으로 바라본다기보다 마시는 느낌으로 동시에 들이켜보자. 힘차게 들이켠 색은 공간에서 경험과 기억의 백그라운드(background)가 되어준다. 당연히 판매나 소비를 위한 상업 공간의 색과 이야기와 주제를 전달하기 위한 전시 공간에서의 색은 기능이 다르다. 중요한 것은 우리는 평소 전자에 익숙한 채로 엑스포를 보고 나온다는 것이다. 단일 공간에서 강렬한 단색의 의미, 조각나고 연속된 색의 비밀 등이 엑스포 전시에서는 숨겨져 있음을 기억하고 확인해보길 바란다.

> 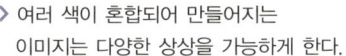 여러 색이 혼합되어 만들어지는 이미지는 다양한 상상을 가능하게 한다.

> 우리에게 익숙한 재료도 익숙하지 않은 곳에 사용되면 새롭게 느껴진다.

> 공연이 끊이지 않던 아이치관의 모티브는 거대한 수레.

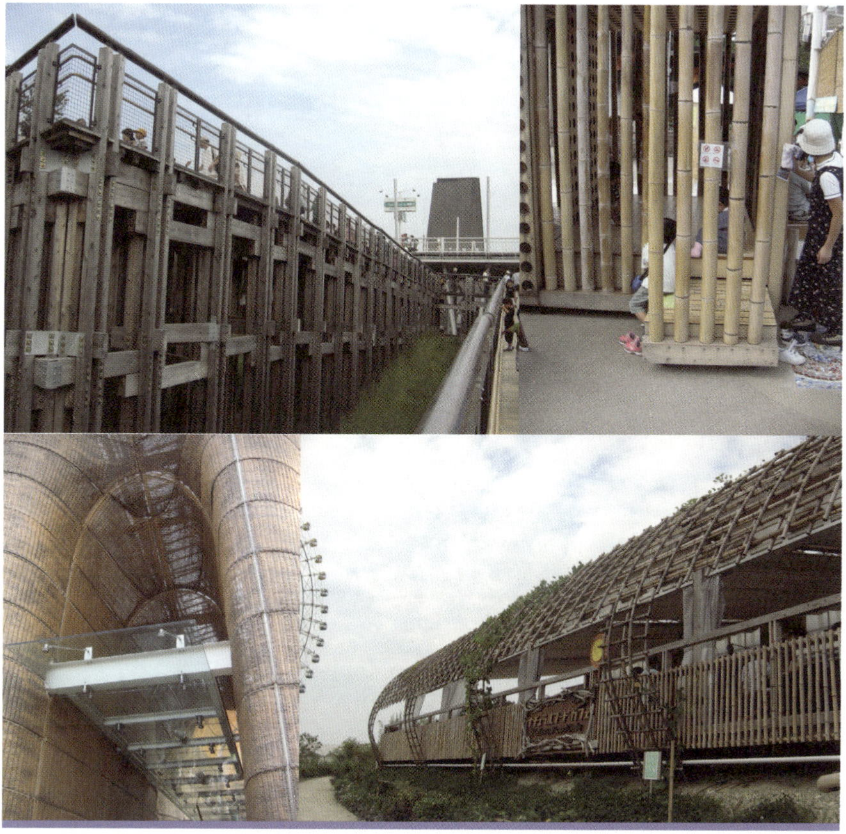

> 자연에서 온 소재와 색은 잘 어우러진다.

Material color

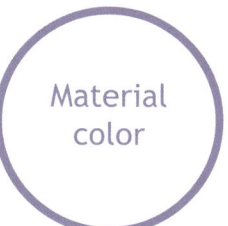

재료의 색을 그대로 유지하며 드러냄은
자연과 솔직히 마주하는 자세

> 반복되는 재료들이 주는 다른 공간감이 있다.

Material touch

자연 재료의 질감은 촉각과 시각을
동시에 자극하는 공감각적 존재

자연 재료의 소중함

나무나 돌 같은 특히 자연 재료에 대한 촉감의 기준은 매우 어려서 만들어지고 그 후 살아가며 크게 변화하지 않는 것 같다.

같은 물질이나 재료라 하더라도 이야기를 나누면 무척이나 다르게 묘사되기 때문이다.

나이가 들면서도 잊지 않고 나만의 감촉을 이야기할 수 있을까. 보드라움 혹은 거친 재료를 보고 반사적으로 기억 속의 감각을 꺼내게 되는 인간에게 자연 재료일수록 안정감과 편안함을 가져다주는 것은 공통점인 것 같다.

자연에서 그대로 채취해야 하는 이들 재료를 우리 공간에 가져다 놓거나 직접적으로 가공하고 사용하는 것은 신중함이 필요해지고 있다. 디자이너의 고민과 목적에 대한 인과관계가 공간을 만드는 재료 선택에도 들어가야 한다. 다시 사용할 것인지, 소중하게 사용했는지, 전후의 책임 있는 생각이 바탕이어야 엑스포의 근본적인 취지에도 부합한다고 생각한다.

> 작은 타일 한 장, 재료가 주는 촉감.

여수 엑스포 이야기 13

아름다운 생명의 다양성을 느껴보자

해양생물관 Marine Life Pavilion

해양 생물의 다양성과 아름다움을 담은 해양생물관은 아쿠아리움 안에 설치되어 있다. 연안의 갯벌과 바닷속의 해양 생물의 신비 그리고 아름다움을 보여주며 해양 생물의 생태계와 다양성을 이해시키는 목적으로 설계되었다. 크게 3개의 존으로 구성되어 있는데 제1존은 갯벌의 다양성을 보여주는 갯벌생태계존으로 다양한 갯벌(염습지, 갯골, 모래갯벌, 갯바위)에 대한 소개와 갯벌 생물들의 활동 모습을 알 수 있다. 제2존 바다의 아름다움을 보여주는 바다생태계존은 잠수정을 타고 바닷속 생태 환경을 체험하며 다양하고 신비한 희귀 해양 생물과 만나는 경험을 가져다준다. 마지막 제3존인 포토존은 해양생물관의 감동적인 해양 생물과 재미있는 사진을 찍으며, 해양의 중요성을 다시 한 번 확인하는 추억의 장이 된다.

여수 엑스포 관람포인트

> 독특한 모양과 색상의 아쿠아플래닛. 멀리서도 눈에 들어온다.

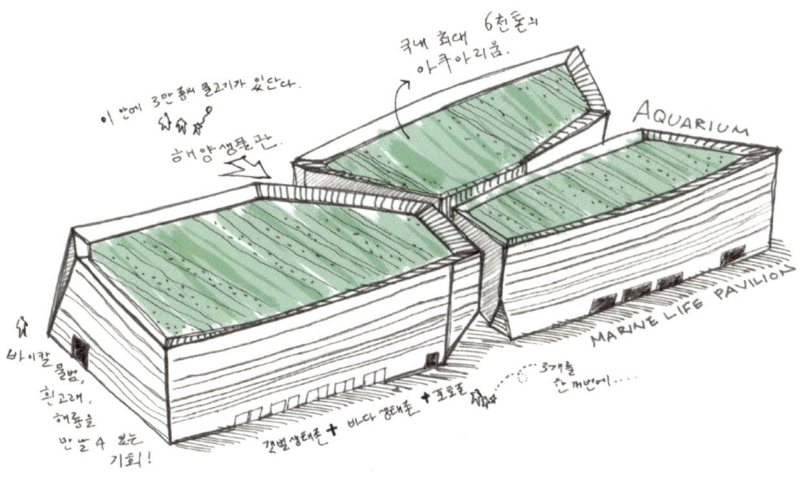

여수 엑스포 이야기 13

아쿠아리움 Aquarium

국내 최대 규모인 6천 톤 규모의 수조에서 흰고래, 바이칼물범, 해룡 등 희귀 종을 포함하여 3만 종의 해양 생물을 만날 수 있다.

바다동물관(Costal Life)에서는 연안에 서식하는 동물들의 행동을 관찰하고 상호 교감하는 곳으로 해양 포유류 동물(벨루가, 바이칼물범, 펭귄, 바다표범, 물개, 수달 등)들의 행동과 생태를 보다 더 가까이서 관찰할 수 있는 있다. 바다체험관(Marine Life)에서는 시각, 청각, 촉각, 후각이 살아 있는 오감형 아쿠아리움이 준비되어 있다. 대형 아크릴 관람창과 아쿠아돔 수조를 통해 바라보면 5대양 및 한반도의 생생한 해양 생태계 연출(대형 상어, 대형 가오리, 정어리, 바다거북, 해파리 등)과 화려한 앤초비 쇼가 보인다. 바다생태관(Eco-Terrarium)은 아마존 생태를 그대로 재현한 거대한 밀림 체험관으로 자연 그대로를 담은 전시 연출(피라루크, 피라니아 등)로 자연 보전의 메시지를 전달한다.

해양의 다양성과 아름다움과 생생한 바닷속 체험을 경험하는 아쿠아리움은 엑스포 이후에도 운영되며 희귀종 보존과 해양 생태 수호를 위한 연구의 장으로 자리매김할 것이다.

여수 엑스포 관람포인트

> 로봇관과 함께 가장 사람이 붐빈다.
> 미리 예약을 하고 바로 옆 한국관을 관람하고 오는 것도 좋겠다.

United Color and Space

모든 것이 색, 그리고 또 색

14
시간 속의 빛, 공간 속의 그림자
Light becomes Shadow

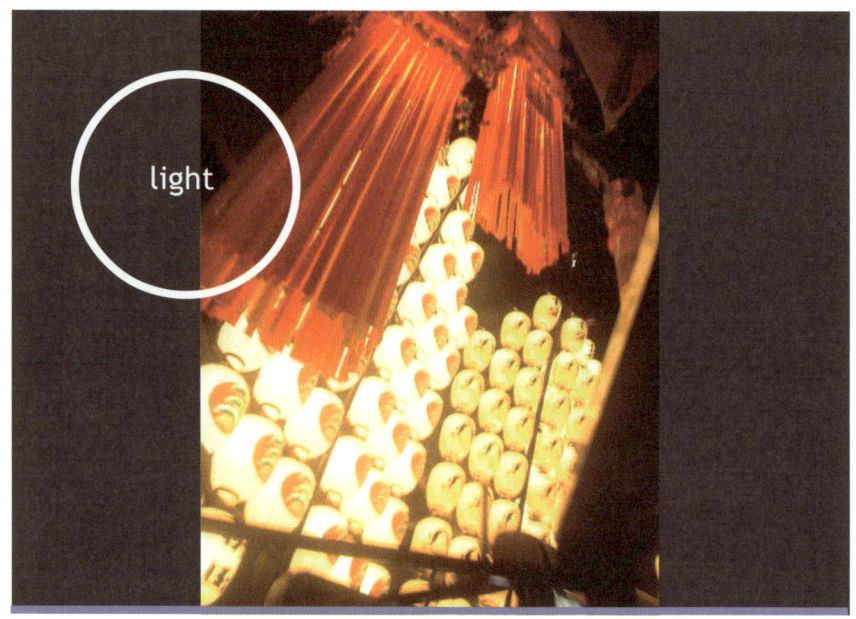

> 미농(美濃)지를 이용한 작품의 불빛이 화려하다.

> 가끔 엑스포의 넓은 공간에서는 한 점의 빛이 주는 방향성에 의존한다.

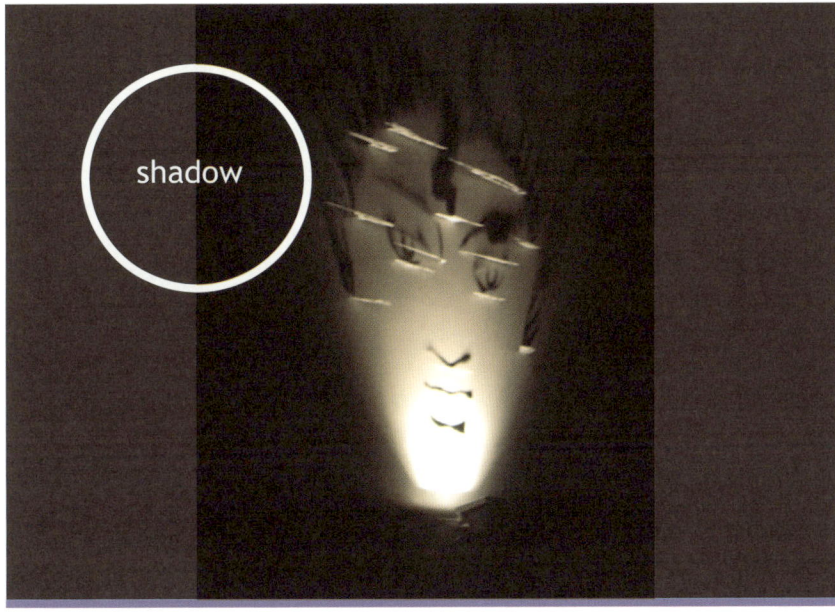

> 이탈리아의 2,400년 전의 춤추는 사티로스의 얼굴.

> 흘러내리는 빛이 만드는 그림자, 반대편의 어둠이 만드는 콘트라스트. 시간이 잠시 멈춘다.

시간의 조각

일상에서 같은 곳을 자주 찾게 되면 다른 시간대, 다른 느낌이 무의식적으로 연결된다. 그러면서 점점 더 마음속에 자리 잡는 것 같다.

엑스포가 넓긴 하지만 한 장소를 정해 시간이 변화되면서 달라지는 장면들을 기억에 담아두는 것도 좋은 경험이 된다. 또한 엑스포가 철거되고 나서 몇 년 후에 그 자리를 찾아올 수 있다면 더더욱 새로운 경험이 될 것이다.

하나의 계절을 차지하게 되는 엑스포에서의 24시간 속에는 내가 없는 시간에도 여러 모습이 담긴다.

> 1년 후 이곳의 모습을 상상해본다. 현재와 미래가 공존하는 엑스포.

개장 직전 미리 온 사람들의 입구에서의 설렘도 좋고 점심 전후 서로 자신의 경험담들을 자랑하는 흥분의 시간도 좋다. 특히나 모두들 집으로 돌아가는 폐장 직전의 시간이 기억에 남는다. 흥겨웠던 하루가 정리되며 내일을 위해 준비하는 느낌의 분위기가 계속 머릿속에 맴돈다. 역시 언젠가는 이곳이 모두 사라지고 없을 것이라는 전제 때문일지도.

같은 시간 속이라도 인간이 느끼는 시간들은 상대적이며 조각조각 다채롭다. 같이 온 사람과 조각을 맞춰볼 수 있는 기회다. 가족과, 연인과, 친구와 특히 야간 퍼레이드 행사에 참여해보자. 춤과 음악의 쇼로부터 이곳의 시간은 잠시 밖과 다르게 느껴진다. 불꽃놀이와 레이저쇼가 하늘을 수놓기 시작하면 불빛 아래서 또 다른 경험이 시작된다. 또한 물과 마주한 공간인지, 커다란 광장인지, 파빌리온의 옥상인지에 따라 분위기는 바뀐다. 프로그램의 시간도 중요하지만 공연 장소를 잘 확인하여 자신만의 이벤트가 되면 더욱 좋겠다.

> 엑스포 축제의 밤이 저물면 다음을 기약한다. 사막의 신기루처럼.

자연과 인공 _ 경계와 빛

시간과 빛은 관련성 가운데 가장 중요한 점은 낮은 자연의 빛이 주가 되며 밤은 인공의 빛이 효과를 발휘할 수 있다는 것이다. 이 두 시간대의 경계에서 나타나는 빛의 아름다움에 대해 생각해보면 어렴풋해지는 건물이나 배경의 실루엣에 빛이 더해지면서 모든 사물이 새로운 존재로 다가온다. 낮에 엑스포의 랜드마크를 기억하고 반드시 비교해보는 소중한 경험을 했으면 한다.

여섯 번째의 글로벌 커몬은 야간의 특별한 이벤트를 위한 연못을 중심으로 호주와 동남아 국가들의 파빌리온이 배치되도록 고려되었다. 호주 파빌리온은 호주 원주민 애버리진(aborigine)의 전통문화와 자연 환경을 80여 장의 플라즈마 스크린(plasma screen)으로 표현하였다. 싱가포르는 가든 시티(garden city)와 다문화 도시의 개념으로 열대 식물들로 실내 정원을 가득 채웠고 뉴질랜드는 구름의 액화를 통해 비를 만드는 광경을 신비롭게 펼쳐 보였다. 말레이시아의 세계 최대의 꽃인 라플레시아(rafflesia)도 놀라웠으며 특히 '꿈꾸는 산'이라는 40m 규모의 랜드마크는 저녁이 되면 은은한 붉은 조명으로 엑스포 사이트 전체를 한 폭의 풍경화로 만들어주었다.

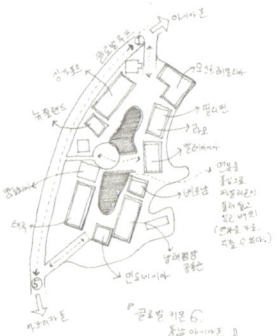

> 야간 경관을 고려한 배치계획

▶ 대지의 탑도 밤이 되면 조명을 받아 서서히 빛으로 물들어간다.

▶ 밤이 되면 빛으로 피어나는 대관람차가 회장의 랜드마크가 된다.

"밤, 빛이 만드는 세상과 시간의 아름다움."

▶ 낮과는 다른 파빌리온의 야간 경관을 비교해보자.

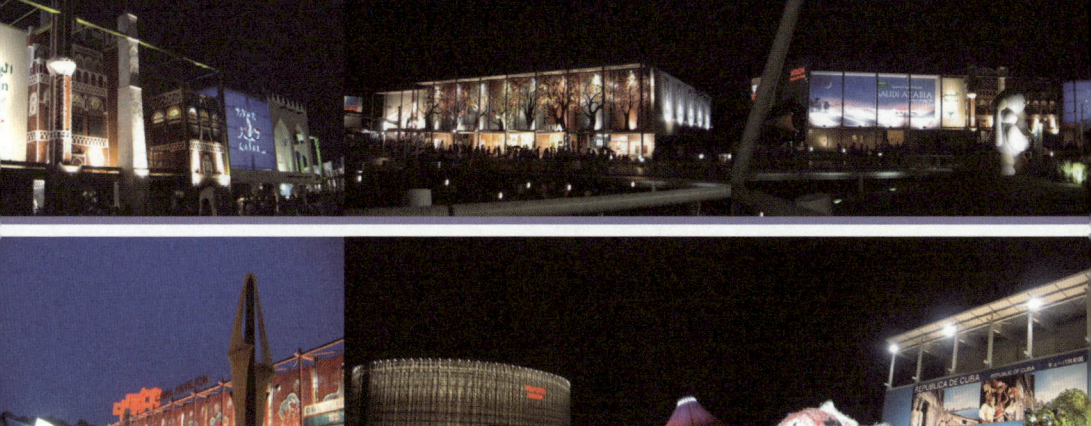

> 적당히 지친 오후 5시와 내일을 기약하는 저녁 8시의 엑스포가 가장 매력적이라고 생각한다.

PM 5:00　　　　　　　　　　　　PM 6:00

> 태양빛이 황혼을 드리우며 희미해질 때면 서서히 밝혀지는 또 다른 빛이 회장을 비추기 시작한다.

PM 7:00　　　　　　　　　　　　　　PM 8:00

― 여수 엑스포 이야기 14 ―

환상의 공간 속 시간으로 초대하다

엑스포 디지털 갤러리 EXPO Digital Gallery

KTX를 타고 올 경우 북문을 통하여 들어오면 역과 연결되는 엑스포 회장 중심 가로에 약 0.5km 정도의 폭 20m EDG를 지나게 된다. 국제관 사이의 천장에 대형 LED 영상면을 설치하여 첨단 IT 기술을 바탕으로 제작된 다양한 콘텐츠를 통해 세계와 해양 문화를 공유하는 해양 문화 예술 갤러리이다.

> EDG는 닫힌 공간이 아닌 열려 있는 공간이다.

여수 엑스포 관람포인트

> 양옆으로 국제관들이 연결되어 있다.
> 국제관 3층에서도 관람이 가능하다.

단순히 영상을 관람하는 형태가 아니라 디스플레이에 펼쳐질 가상 공간으로 관람객을 끌어들여 관람객들 사이의 양방향 교류가 가능한 디지털 공간을 제공한다는 콘셉트다. 특히 '꿈꾸는 고래' 라는 콘텐츠는 사람들이 보내는 문자를 먹고 사는 '흑등고래'가 미디어의 주인공이 되어 펼쳐지는 세계 최초의 무정형 유비쿼터스 가로환경을 보여준다.

여수 엑스포 이야기 14

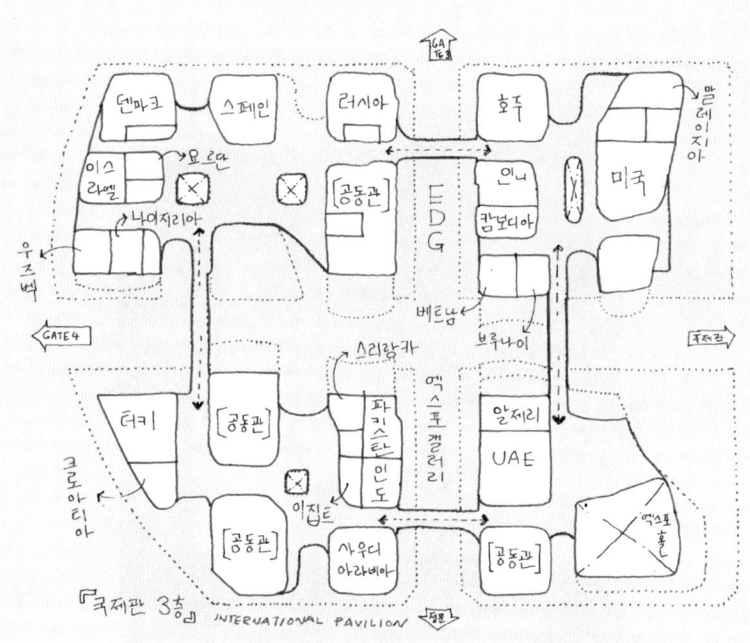

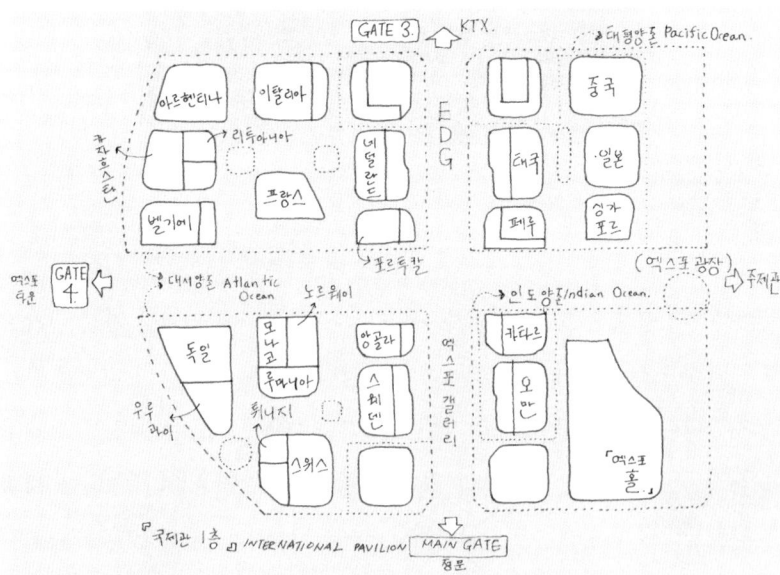

> EDG의 축을 중심으로 세계 각국의 국제관들이 옹기종기 모여 있다.

여수 엑스포 관람포인트

> EDG의 미디어 콘텐츠는 밤을 더욱 아름답게 한다.

관람객들은 해양을 주제로 한 콘텐츠가 시시각각 변화하는 환상적이고 신기한 디지털 환경을 직접 체험할 수 있고 스마트폰 등의 장치를 이용해서도 참여가 가능하다. 그 외에도 엑스포 기간 중에는 〈심청전〉, 〈인어 이야기〉 등의 다양한 영상을 보게 되지만 엑스포 이후에는 미디어아트는 물론 상업 가로로서 활용될 계획이므로 남해안 시대를 활짝 열어갈 관광 자원으로 자리매김한다. 이곳 여수를 다시 방문하여 차이점과 변화를 비교해보는 재미를 가져보도록 하자.

15
나를 찾는 여행, 나다움에 대하여
Shortest Theme Trip

문득 주위를 둘러보면 많은 인파 속 자신, 무슨 생각과 함께 모두들 이 자리에 함께한 것일까.

> 나라의 다양성과 전통성, 비교가 아니라 이해를 통해 배우고 자신이 성숙해진다.

너를 통해 나를 알다

다섯 번째의 글로벌 커몬은 중정의 개념을 사용하여 원시의 자연과 첨단 기술이 만나는 장소로 계획되었다. 아프리카 공동관은 마치 아프리카 대륙을 여행하는 것처럼 전통 식기와 직물을 전시하고 역사와 풍속과 관련된 생활을 소개한다. 무엇보다 실제 악기를 다루고, 춤을 배울 수 있

는 워크숍이 이루어져 전통문화를 직접 체감할 수 있도록 기획되었던 점이 다른 어떤 선진국의 전시보다 좋았다.

전통과 문화에 대한 형식과 엄격함은 나라마다 고유하게 존재한다. 문화의 계승이나 지속이 특수한 사람들의 몫이라고 생각한 때도 있었지만 최근에는 많은 나라의 젊은이들이 스스로 동기를 유발하고 참여하게 되고 작은 관심으로부터 엄청난 실행으로 만들어가는 경우를 많이 보게 되는데 엑스포에서 이루어지는 많은 전통 공연에서 점점 더 자주 확인되고 있다. 그렇기에 이들은 더욱 즐거워 보이고 자연스러워 보인다.

나와 세계의 접점

최근에는 세계 엑스포의 무용론이 자주 들린다. 스포츠를 중심으로 하는 여타의 메가 이벤트와 비교하여 필요성이 점점 줄어든다는 의견이 그것이다.

언제 사라질지는 모르지만 발품을 팔아 직접 세계와 만나는 수고와 땀으로부터의 매력을 대신할 것이 있을까. 인간성을 회복할 수 있는 교류가 있다면 그것은 지속될 필요가 있다. 마지막 폐회 행사가 끝나고 각 나라로 돌아가는 친구들의 모습은 계속 기억에 누적되고 있다.

직접 경험해야 하는 아날로그한 이벤트는 그만의 정서가 있다. 풍물을 통해 마음을 교환하고 여러 나라의 파빌리온과 부스에 찾아가 관심을 보이고 공감하려 노력한다면 모두가 각 나라의 대표가 되는 것이다.

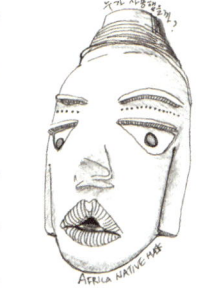

> 과거 우리나라도 엑스포에 전통문화 소개를 중심으로 참가하였다.

"가장 중요한 것은 서로가 민간 외교관의 역할을 하는 것."

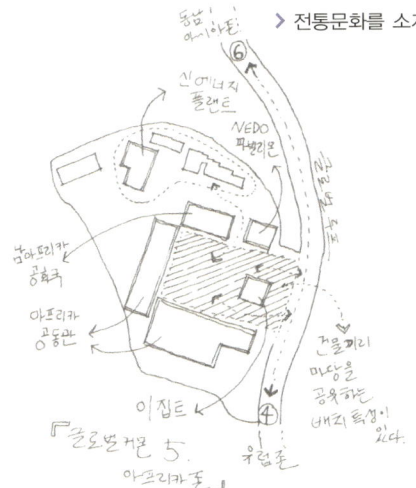

> 전통문화를 소개하는 장으로서의 배치계획

> 엑스포 기간 동안 자기 자신과 많은 대화를 하게 된다.

여수 엑스포 이야기 15

웅장한 자연과 마주하는 기회

스카이타워 Sky Tower

시멘트 저장탑인 사일로를 재활용하여 조형성과 문화 공간을 겸한 시설물로 재탄생한, 세상에서 가장 큰 소리를 내는 파이프오르간이라는 콘셉트의 스카이타워는 오르간을 응용한 악기를 구현하여 다양한 음악을 들려주며 회장 내에서 가장 높은 수직 구조물이다.

▶ 기네스북에 오른 거대 오르간.

여수 엑스포 관람포인트

매일 파이프오르간을 통해 개폐장 시간을 뱃고동 소리로 알리는 시보 기능과 참가국 국가 연주, 현장 음악회 등 다양한 음악 프로그램을 준비하였다. 1호기 영상전시실에서는 암각화와 남해안의 비경을 볼 수 있는데 사일로 내부 벽면을 스크린으로 활용하여 바다의 절경을 환상적인 영상으로 표현한다. 첨단 IT 기술을 영상에 접목하여 관람객 참여형 인터랙티브 콘텐츠를 체험한다.

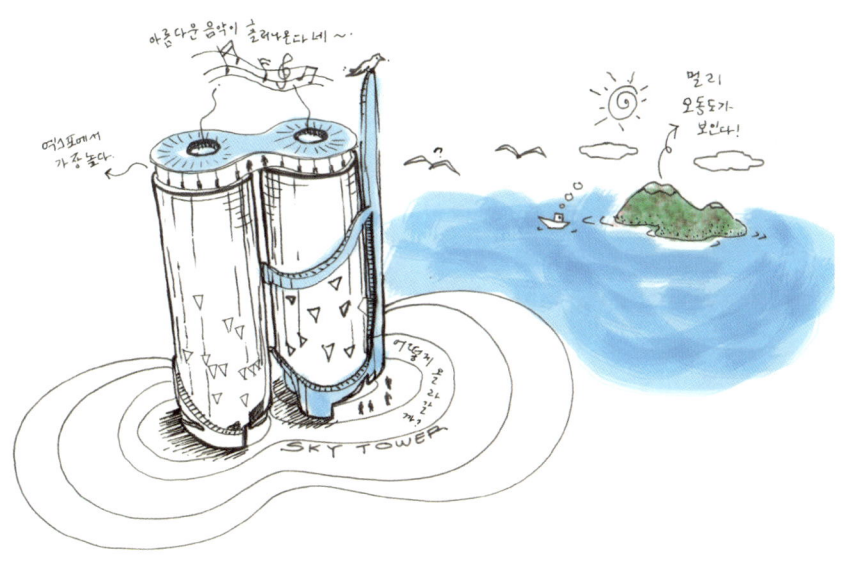

── 여수 엑스포 이야기 15 ──

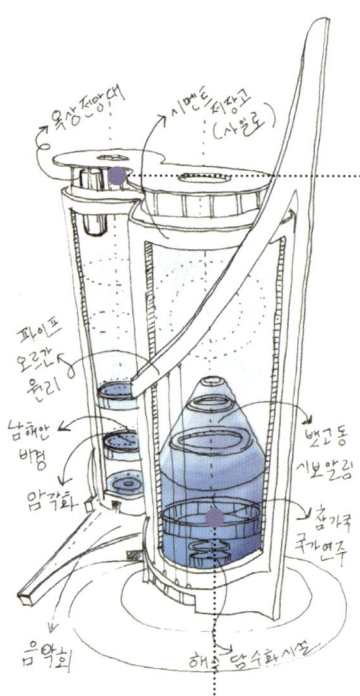

> 담수 시설에서 나온 물을 마셔볼 수 있다.

여수 엑스포 관람포인트

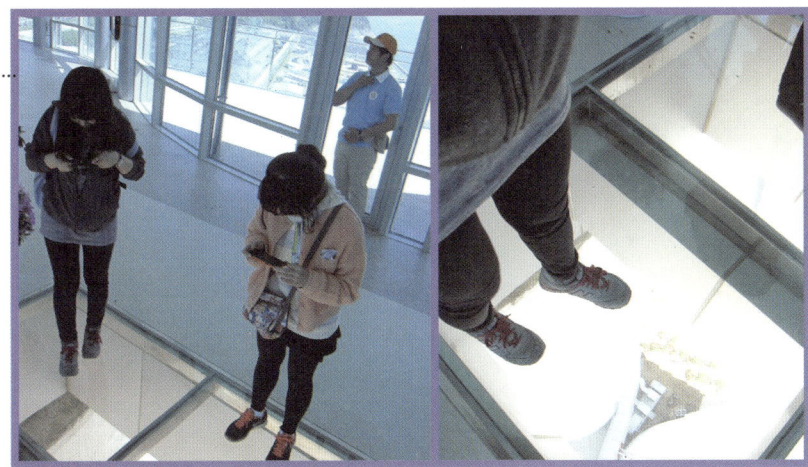

› 여수 엑스포 전체를 내 발아래! 하늘을 나는 기분이다.

Shortest Theme Trip

나를 찾는 여행, 나다움에 대하여

2호기에서는 해수 담수화 시설의 전시가 준비되어 있다. 환경 오염, 기후 변화 등에 따른 물 부족 문제에 대비하여 전 세계적으로 활용되고 있는 해수담수시설을 설치하여 관람객들이 체험을 통해 바다의 가치를 공감할 수 있도록 한다. 옥상전망대에서는 회장 전경과 여수, 그리고 오동도가 한눈에 보이는 바다를 감상할 수 있다.

네덜란드 벤로 엑스포에 관한 정보 http://www.floriade.nl/

이탈리아 밀라노 엑스포에 관한 정보 http://www.expo2015.org/

Stage 4
Just One World

하나 되는
세상을 꿈꾸며

16 평화로움이어라 Ordinary People
17 역사와 문화의 흔적 남기기 A Voice from History
18 문자와 언어, 공존의 열쇠 Secret of Character
19 엑스포의 수수께끼 Powerful Reason
20 비워진 당신의 자리 My Turn

16
평화로움 이어라
Ordinary People

이제 집으로 돌아갈 시간이 다가온다. 각자의 아쉬움은 다음 엑스포의 원동력이 되어준다. 어느 나라에서 또다시 만날 것인가. 기대감과 함께 일상으로 돌아가자.

› 웃고 즐길 수 있는 이 순간이 무엇보다 중요하다.

가치의 공유

거창하고 복잡한 국제 회의보다 이런 곳에서 즐기며 어려운 세상의 일을 해결하는 상상을 가끔 한다.

엑스포가 서구 열강 사이 기술적 우위의 확인을 위한 도구로 사용된 시절이 있었다. 돈이 되는 것을 세계 시장에 빨리 내놓고 팔기 위해서 국가 간의 경쟁이 이루어졌다. 지금 생각하면 아주 오래된 영화 같은 이런 시절이 지나고 정치적 이념과 장삿속보다는 가치와 신념을 공유하는 무대로 점점 자리하는 것 같다. 엑스포의 대부분의 것들은 짧은 순간 존재하다가 그 자리에서 사라져버린다. 허망하게 사라짐이 오히려 중요할 수 있는 것은 그 후의 조용히 변화하는 현상 때문이라고 생각된다.

같은 자리에 있었던 것, 가슴을 맞댈 수 있었던 것으로 세상이 하나 됨을 꿈꾼다. 어떤 정치적 국가 협상보다도 효과적이기에 세계 모든 나라가 참여하는 것 아닐까.

"사람과, 지구와, 자연과 하나 되는 세상"

› 자연은 오랫동안 인간이 닮고 싶고 표현하고 싶은 대상이었다.

영원한 것

인류의 산업혁명과 함께 나타나 세계 여러 나라를 돌며 만들고 사라지기를 반복한 엑스포의 역사, 자본주의의 시대를 관통하며 생명력을 지속한 존재라는 것에서는 무상함도 느껴진다.
자생의 불안정성으로부터 인간은 결국 사람과 사람 사이에서 공생하는 법을 찾기 위해 거대 이벤트를 반복하는 것은 아닌가.

무수한 반복의 결과가 글로벌 빌리지를 가능하게 한다면 계속되어도 좋을 듯싶다.

> 시민들이 스스로 기획하고 참여하는 프로그램을 통해 엑스포는 진정한 교류의 장이 된다.

"의미 있는 사라짐"

엑스포 오리진

올림픽과 월드컵이 스포츠와 엔터테인먼트 중심이면 엑스포는 경제, 기술, 문화가 함께 포괄적으로 다루어진다. 근대적 의미의 최초의 엑스포는 1851년 영국의 수정궁(Crystal Palace)에서 열린 런던 엑스포이다. 기업의 사업상의 기밀이 노출된다는 우려가 있었지만 많은 교류의 씨앗을 만들어주어 결과적으로는 큰 성공을 거두었다.

이렇게 엑스포가 회를 거듭하면서 보여준 것은 국가 간 산업 발전의 결과물들뿐이 아니라 그 물물의 교류가 평화적으로 이루어질 수 있다는 가능성이었다. 이로부터 우리는 인류가 계속 더 나은 곳으로 나아가고 있다는 메시지를 엑스포로부터 전달받았고 근대의 희망을 계속 유지할 수 있었다.

이제 돌아가기 전에 그 메시지를 떠올려보자.

여수 엑스포 이야기 16

엑스포에서 지구의 미래를 보다

기후환경관 Climate & Environment Pavilion

기후환경관에서는 해양의 기후 환경 조절 역할의 중요성과 기후 변화로 인한 지구의 위기에 대한 내용을 콘텐츠로 기획되었다. 전체의 전시는 두 개의 전시존을 중심으로 프롤로그와 에필로그를 갖는 일반적인 동선을 갖고 있다.

'기후환경의 조절자, 바다'라는 테마의 프롤로그를 지나면 제1전시공간(기후체계의 붕괴)을 보게 되는데 관람객이 감각적으로 체험하는 극한의 기후 환경 속에 지

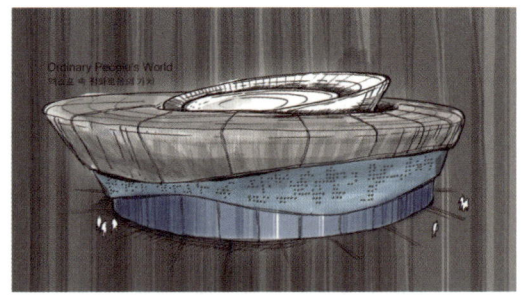

▶ 기후환경관은 우리에게 미래의 메시지를 전해준다.

구의 남극과 북극의 대표적 기후환경 체험으로 블리자드 얼음터널과 남극의 눈보라 그리고 얼음벽을 체험하게 된다.

여수 엑스포 관람포인트

제2전시공간(기후 변화로 인한 지구의 위기)은 다채널 복합미디어영상관(공간 전체가 하나의 미디어로서 벽면의 서클영상과 천장 다면영상에 조명 연출을 구성)으로 지구 온난화에 따른 인류 문명, 지구 멸망의 위기를 가상 체험하고 기후 변화 완화와 해양 환경 보존의 메시지를 듣게 되며 '지구의 운명'이라는 에필로그를 끝으로 퇴장한다.

> 세련된 연출 콘텐츠가 전시의 테마를 알기 쉽게 전달해준다.

17
역사와 문화의 흔적 남기기
A Voice from History

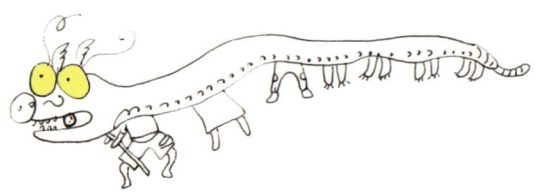

인류의 과거와 미래를 연결하며 현재를 함께 생각하는 자리가 아직까지 존재한다는 것은 행운이다. 그 자체가 역사이며 문화가 되기 때문일 것이다.

엑.스.포.시.대.

1930년 프랑스의 파리에 세계 엑스포 사무국이 설립되면서 엑스포의 법적 그리고 제도적 틀이 정비되었고 다음과 같이 엑스포의 목적 또한 이전보다 뚜렷해졌다.

"엑스포의 목적은 인류의 발전상을 집약 전시, 과거를 돌아보고 미래에 대한 전망을 제시함으로써 일반 대중의 계몽을 목표로 하고 대외적으로는 인류 상호 간의 이해 증진과 발전을 도모한다."

우리가 흔하게 접하는 상거래 차원에서 특정 상품과 기술을 전시하는 일반 무역 엑스포나 컨벤션 전시와는 구별됨을 알 수 있다.
세계 엑스포는 국가 단위로 참가하게 되며 BIE는 등록 엑스포와 인정 엑스포로 구분하여 관리한다. 등록 엑스포는 5년에 한 번씩 최대 6개월까지 개최가 가능하고 인정 엑스포는 등록 엑스포 사이에 한 번 최대 3개월까지 개최할 수 있으며 참가국이 전시할 수 있는 공간을 준비해줘야 하는 차이점이 있으며, 이는 오랜 기간 엑스포를 치러오면서 조율되어 BIE의 규칙으로 현재 자리 잡게 되었다.

▶ 과거로부터의 메시지.

> 현재를 살아가는 의미.

기술 엑스포에서 주제 엑스포로

엑스포는 인류의 발전상을 전시한다는 취지에 걸맞게 수정궁, 에펠탑과 같은 건축 기술에서 전화, 전기 조명, 엘리베이터에 이르기까지 세상을 이롭게 하는 새로운 기술을 선보이는 장이 되어왔으며 이러한 전통은 최근의 신에너지, 친환경 교통수단 등 환경 기술에 이르기까지 계속 지속되고 있다.

그러나 신기술 자체로 화제가 될 수 있었던 과거와 달리 첨단 기술만으로는 더 이상 놀라움이나 새로운 각성을 줄 수 없는 오늘날에 이르러서 엑스포를 통해 현대 사회의 '새로운 화두'를 던지는 주제의식이 보다 중요하게 생각되고 이에 따라 엑스포의 의미는 거듭할수록 변화되고 있고 엑스포의 형식에까지 변화를 가져오게 하고 있다.

> 미래를 위한 이야기들.

실천하는 현재

1970년 오사카 엑스포의 회장은 오사카시에서 벗어난 지역으로 대도시 외곽의 개발이 비교적 덜 된 장소였다. 해당 지역을 깨끗이 정리하고 인공의 미래 도시를 건설하는 데 주력하는 콘셉트의 엑스포였다. 장소는 다르지만 35년 후 다시 개최된 엑스포에서 일본은 자연을 테마로 회귀한 후 엑스포 회장은 자연으로 되돌린다는 정 반대의 시도를 이룬다.

아이치 엑스포의 주제는 자연의 예지(Nature's Wisdom), 서브 테마는 우주·생명·정보(nature's matrix), 삶의 기술과 지혜(art of life), 순환형 사회(development for eco-communities) 3가지로서 주제로부터 각 세부 테마는 구체적인 콘텐츠와 시설들이 되어 전체의 메시지를 전하였다. 엑스포의 전체 주제와 테마로부터 각각의 참가자는 자국의 문화와 전통 혹은 기업의 특성과 분야에 맞춰 재해석된 메시지를 자신만의 방법으로 전달하게 되는데, 주로 문화적 전통에 깃들어 있는 전통으로부터 첨단 기술을 통해 미래를 체험하는 테마를 다양한 매체를 통해 연출하였다.

▶ 엑스포는 국가와 국민 그리고 문화를 성숙시킨다.
자신의 것을 더욱 소중히 생각하고 돌아보게 하는 힘이 있다.

"전통이 바로 기술, 미래와의 관계 짓기."

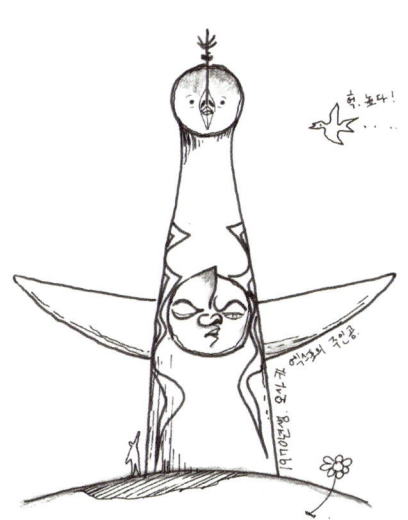

> 1970년 오사카 엑스포로부터 35년 후 두 번째 엑스포를 치른 일본은 분명 기술 중심에서 문화 중심으로 변모하였다. 여수 엑스포 이후 우리의 모습은 어떻게 비치게 될 것인가.

» 여러 나라에 대한 인상과 기억의 조각들, 엑스포 이후 우리가 가져가는 것.

엑스포, 그 이후

엑스포가 끝나면 모두는 여기에서 돌아가 다음을 기약해야 한다. 기약은 준비와 자세를 말한다. 그리고 그 사이의 반성 혹은 노력이다.

시간을 들여 달라지고 다음 스테이지의 새로움을 가꾸는 엑스포 이외의 시간, 그 시간에 서로 영향을 주기 위해 이 몇 달은 존재했다고 생각한다. 각자 가슴에 품어갈 메시지와 감동을 담아보자.

▶ 우리의 이미지와 한국의 격, 우리가 그들에게 주는 것. 이렇게 서로 주고받는 엑스포.

"내 일상으로 돌아가서 풀어야 할 숙제."

여수 엑스포 이야기 17

하나 되는 문화와 문명의 이야기

1_ 해양문명관 Marine Civilization Pavilion

'해양 실크로드'의 테마로 바다를 향한 인류의 도전과 성취를 확인할 수 있는 해양문명관에서는 인류가 바다에서 창조하여 바다를 통해 교류하며 발전해온 문명의 모습을 재현하는 공간들을 만날 수 있다. 별자리와 나침반으로 시작된 해양 개척의 역사를 로비에서 관람한 후 '교역선의 항해와 난파' 코너에서는 바다를 향한 의지와 열정, 용기와 지혜로부터 해양 인류의 도전 정신을 표현하고 바다를 향한 인류의 도전이 대양을 건너 국가 간 교역으로까지 발전하고 이를 통해 문명의 교류가 이루어졌음을 알아본다.

여수 엑스포 관람포인트

> 심해의 난파선이 숨겨져 있다.
> 안으로 직접 들어가 탐험을 하자.

'문명의 타임캡슐' 코너에서는 난파선이 들려주는 과거라는 콘셉트로 첨단 기술로 살아나는 고대 항해술과 선원들의 이야기를 들려준다. 실감 나는 난파선 연출 속에 난파 순간의 깊은 바닷속으로 관람객을 초대하고 난파 당시 화물칸 내부의 상황과 갑판 위의 선상 생활을 생생하게 체감하게 한다. 끝으로 '해양 문명의 발전'에서는 지중해에서 태평양까지 오늘날의 해양 도시들의 모습과 문명을 멀티 영상으로 관람하며 다양한 해양 도시들의 모습을 통해 바다와 함께 살아가고 있는 인류의 삶의 본질을 느끼게 된다.

A Voice and Our History
역사와 문화의 흔적 남기기

여수 엑스포 이야기 17

2_해양도시관 Marine City Pavilion

해양도시관에서는 우리의 풍요로운 미래를 위한 새로운 생활의 터전인 바다 위에 끊임없는 도전으로 이루어낸 2050년 상상의 미래 해중 도시를 경험한다.

해중으로 들어가는 느낌의 수중 터널로 진입한 관람객은 해중 도시에 대한 기대감, 호기심을 갖고 웰빙씨토피아를 방문하게 된다. 해양 도시가 우리 삶의 질을 얼마나 향상시킬 수 있는지 인식시켜 해양 도시에 대한 관람객들의 관심을 고취시키고 가까운 미래에 만날 수 있는 해중 도시의 주택과 라이프스타일을 간접 체험하게 한다. 마지막으로 2050년 미래 해중 도시를 소개하는 공간으로 이동하여 미래 해중 도시 생활에 필요한 에너지, 용수, 교통, 여가, 주거 등에 대해 알아보고 모형과 영상의 입체적 연출 속에 해중 도시의 미래를 가상 경험하게 된다.

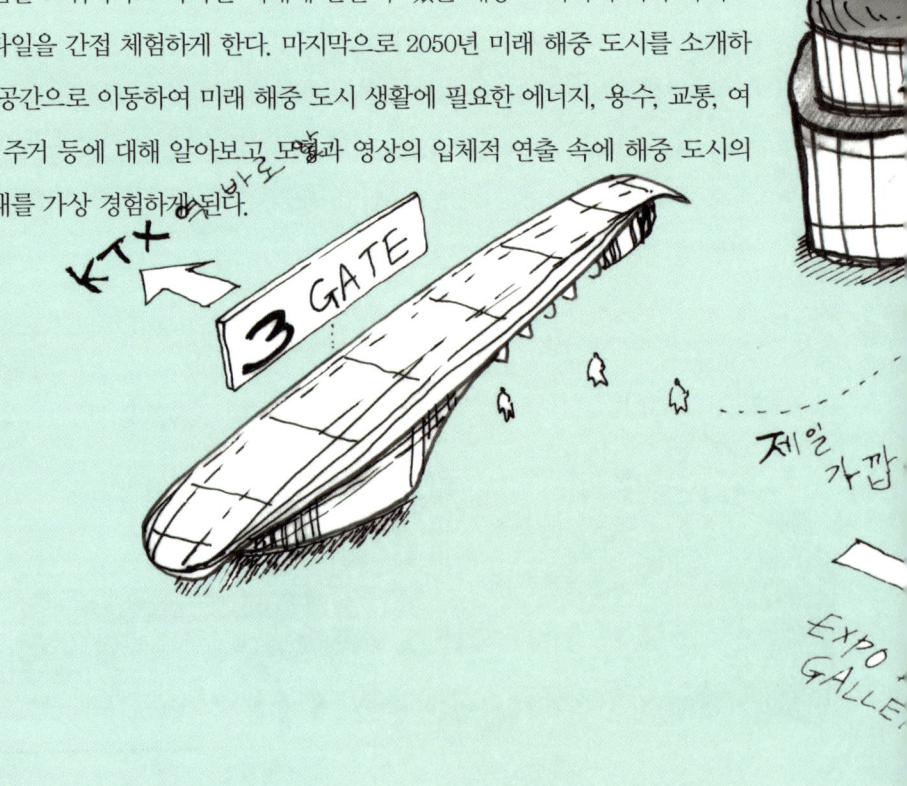

여수 엑스포 관람포인트

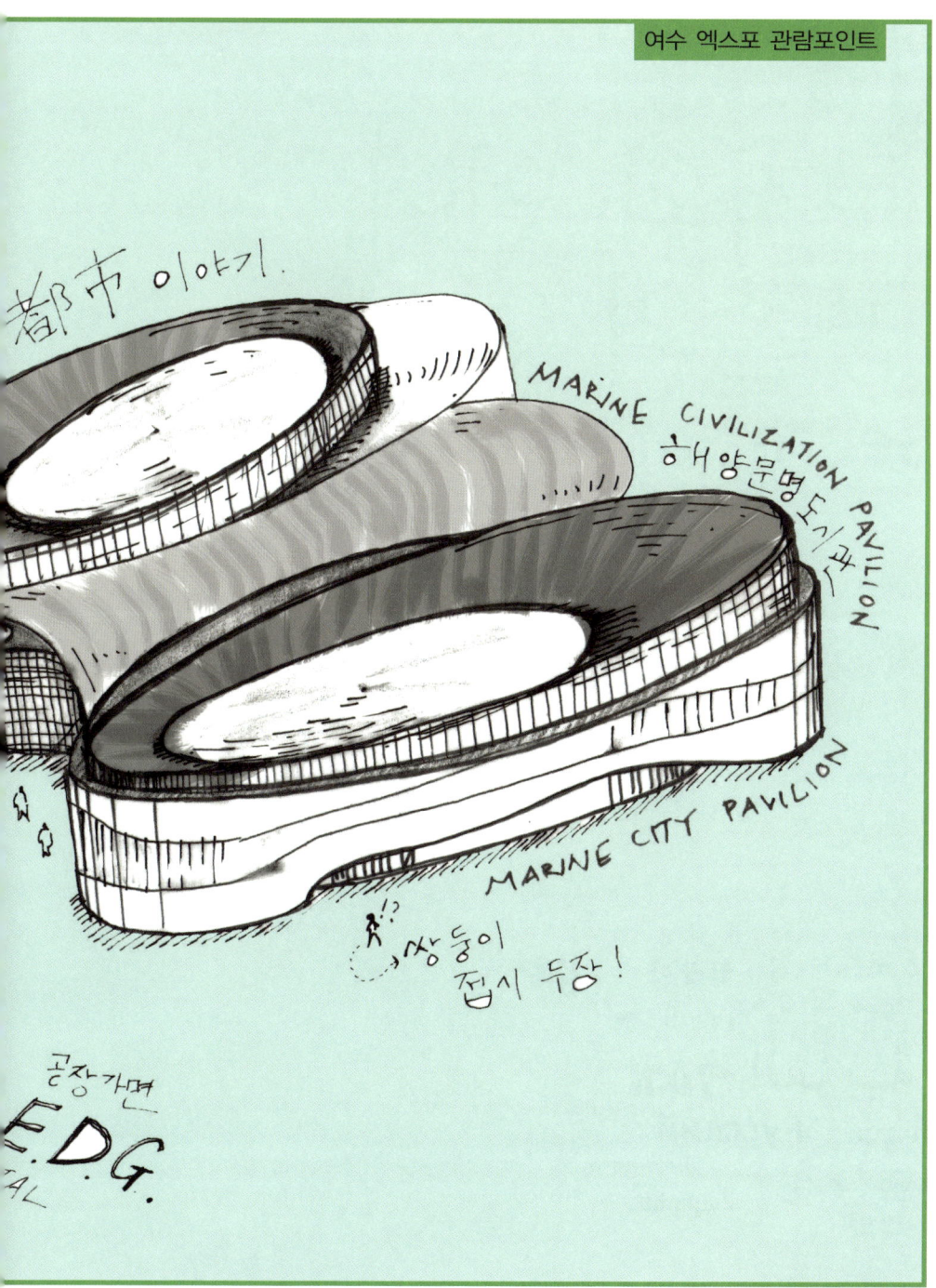

18
문자와 언어, 공존의 열쇠
Secret of Character

쉽지 않지만 서로 다른 민족들이 세계 엑스포나 올림픽 등을 통해 소통하려고 노력한다.

> 언어를 초월하여.

> 여러 나라가 소중하게 준비한 전시를 꼼꼼히 살펴볼 여유를 가져보는 것은 어떨까.

> 글로벌 하우스는 지구를 사랑하는 마음을 전하는 곳.

아듀! 엑스포

엑스포의 형식과 방법도 역사적으로는 차이점이 조금씩 존재한다. 유럽의 엑스포가 국가 주도로 이루어진 것과 달리 미국은 유럽의 엑스포에 참가하였던 제조업자, 상인들이 자본금을 모으고 전시 부스를 판매하는 방식으로 엑스포가 시작되었다.

언어가 다르고, 전통과 문화가 다르고, 자연 환경이 다르기 때문에 인류는 평준화가 아닌 조화와 공존 속에 각각의 아이덴티티를 유지하고자 한다. 이러한 문화적 화음을 생각하기에 엑스포는 존재한다고 보인다.

그리고 언어 외에 우리가 현명하게 소통하는 방법을 찾을 때까지 엑스포는 계속될 것만 같다. 하지만 자국에서 열리는 세계 공인 엑스포를 보는 것은 올림픽이나 월드컵처럼 한 번 혹은 나라에 따라서는 그 기회가 없을 수도 있다.

› 읽는 글, 보는 글, 느끼는 글.

다양성의 가치

여러 외국어를 하며 사고하는 사람은 가끔 각 나라의 언어를 중심으로 문화적 혼선을 경험하는 것 같다. 소통은 듣는 것, 생각하는 것, 판단하는 것, 지식의 깊이 등이 동시에 작용하는 것이라 소통의 프리즘이 여러 개라면 분명 중복성의 확률은 높아질 것이다. 하지만 잘 조율하면 더 아름다운 빛이 나올 가능성도 높아질 것 같다. 다문화를 수용하는 자세와 생각이 보다 다채로운 엑스포를 만들어 줄 것이라 기대한다.

순간을 위한 준비 _ 계속되는 대화

좋은 의미의 것들도 정도가 심하면 항상 문제가 따른다. 다양한 언어와 민족이 함께하는 세계적 행사가 되다 보니 엑스포 역시 중복, 과다 개최로 인한 질적인 저하와 권위의 실추 등 부정적 측면이 나타났다. 1928년 32개국이 프랑스에서 협약을 맺고 1930년 국제엑스포기구인 BIE를 파리에 설치하였다. BIE는 주로 주최국의 결정이나 주최국과 참가 국가 사이의 의무와 권리를 규정하고 갈등을 조정하는 국제 기구의 역할을 하고 있다. 160개 정도 회원 국가의 의사소통을 담당하고 있는 것이다.

아이치의 시작은 매우 오래전으로 거슬러 올라간다. 1988년 BIE의 총회에서 엑스포 개최 의향을 밝힌 후 비로소 1997년 개최가 결정되었다. 2005년 6개월간의 엑스포를 개최하기 위해 십수 년을 자국의 국민과 세계와 대화를 해온 것이다.

> 소통을 위한 도구, 커뮤니케이션의 시작.

여수 엑스포 이야기 18

엑스포와 함께하는 지구촌

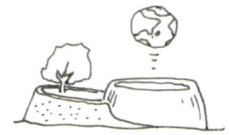

▶ 인기 있는 일본관은 입구 옆에서 별도의 입장권을 미리 받아야 한다.

여수 엑스포 관람포인트

1_국제관 International Pavilion

'다도해의 은유' 라는 테마를 가지고 세계 여러 나라의 국가를 초청하여 전시를 하게 되는 국제관은 엑스포에서 가장 넓은 면적을 차지한다. 5대양의 화합과 발전을 담기 위하여 대양별 클러스터를 조성하여 전시를 기획했고 전시 공간은 효율적인 모듈(16m x 16m = 256㎡)로 이루어져 자유로운 전시가 가능하도록 하였다. 하나의 모듈부터 네 개의 모듈까지 사용하게 된다.

▶ 시간이 없으면 독일관, 스위스관, 미국관을 추천!

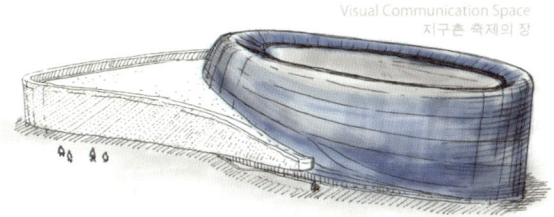

Visual Communication Space
지구촌 축제의 장

엑스포디자인여행

여수 엑스포 이야기 18

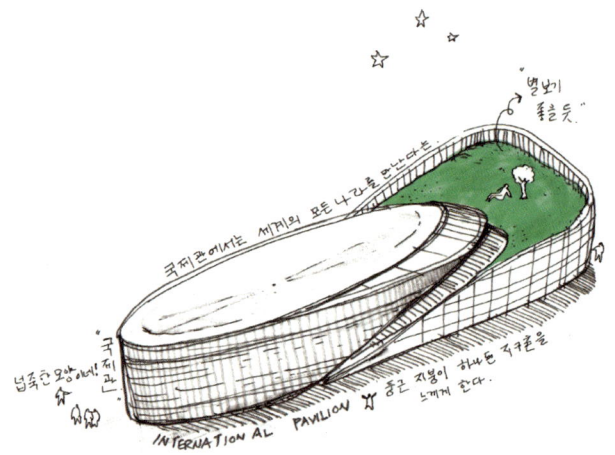

세계 도시의 다양한 해양 문화와 기술, 풍물과 만날 수 있는 개별 국가관 외에도 개발도상국을 위한 공동관이 있으며 '지붕 위 섬'으로 불리는 전망대로로 구성되어 있다. 공모를 통해 섬마다 이름을 지정하게 되는데 모두 14개의 섬을 가지고 있다. 공동관에서는 3개의 대양별(태평양, 대서양, 인도양) 전시관에 개발도상국들이 참가하여 각 국가의 특색을 반영한 전시 공간과 전통문화 공연으로부터 문화의 다양성을 느낄 수 있다.

바다 위의 섬들처럼 보이는 국제관은 자연의 원리를 응용하는 실험적 건축물로서 건물 전체가 친환경적 시스템으로 작동하도록 설계되어 물결 모양의 지붕 위에는 태양광과 미시 기후 조절 시스템을 갖추었다. 섬을 연상시키는 구조물에 전망대가 있으며 베르누이 효과를 이용한 자연 환기 시스템을 적용하였고 재활용을 고려하여 해체, 재조립이 가능한 건축 구조로 계획되었다. 국제관은 회장의 3개 출입구와 직접적으로 연결되며 회장의 중심에 위치하여 가장 많은 관람객이 머무는 공간이 되며 주변에는 다목적 공연장과 상업 시설 등이 배치된다.

여수 엑스포 관람포인트

2_국제기구관 International Organizations Pavilion

국제기구관에는 전 세계의 해양 및 환경과 관련하여 국제 사회에서 활발하게 활동하고 있는 지구 환경과 관련된 약 10개의 국제 기구(UN, OECD, FAO, IPCC, PEMSEA, CBD, IOC, GEF, WFP, IMO)가 공동 참여하게 된다. 국제 기구의 활동과 특징을 한자리에서 만나게 되는 공간으로 최근 관심이 늘어나는 NPO나 NGO의 활동에 대해 많은 것을 알 수 있는 자리이다. 해양의 보존과 지속 가능한 이용에 관련된 국제 기구들의 활동 내용을 통해 우리가 할 일에 대해 좀 더 심도 있게 생각해보도록 하자.

▶ 지구의 문제를 함께 이야기해보자.

19
엑스포의 수수께끼
Powerful Reason

줄곧 한자리에 서 있는 그들이 있다.

> 공기처럼 어디에나 도움의 손길이.

우리의 손길

운동회, 학예회에도 많은 보이지 않는 도움이 필요하다. 엑스포라는 커다란 축제와 행사에는 더 많은 보이지 않는 손길들의 노력이 있다. 말하지 않으면 알 수 없을 정도로 세세한 곳까지.
우리의 손으로 직접 만들어낸 시간들의 가치야말로 다른 무엇과도 바꿀 수 없는 가치이다. 나 자신에게도 수고했다는 말을 할 수 있는 엑스포가 진정한 엑스포이다.

> 공인 엑스포의 봉사자는 모두 스스로 참여한다.

이렇게 간접적으로 영향을 받은 삶 속에 공감은 새로운 가능성과 관계를 이루고, 친밀해지고 새롭게 변화된 관계는 혁신을 만들어낸다. 작은 손길이 우리의 사회를 변화시키는 원동력이 된다.

> 자발적 참여는 모두를 미소 짓게 한다.

> 그들은 엑스포 기간 내내, 안내하고, 도와주고, 설명한다.

little
help

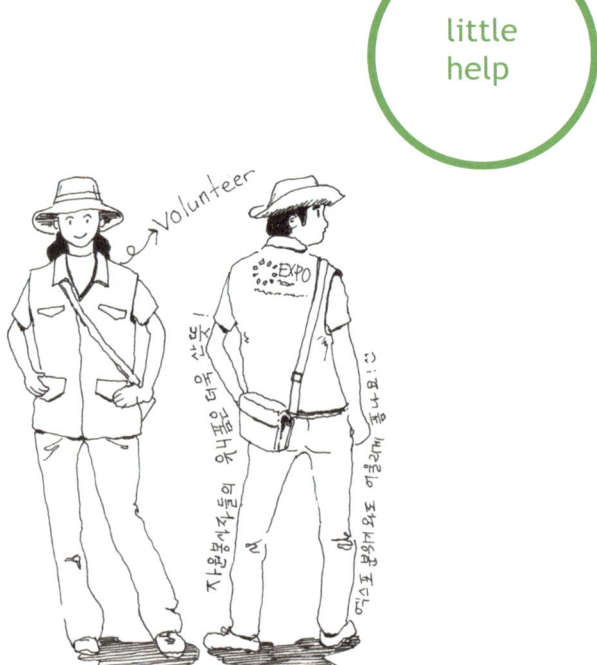

> 모두의 안전과 질서를 위해.

> 자원봉사자와 도우미가 없다면 엑스포는 제대로 운영되지 못한다.

모두가 칭찬받는 세상

올림픽과 월드컵만큼이나 엑스포를 개최하려는 세계의 경쟁은 매우 치열하다. 과거 미국, 영국, 프랑스가 앞다투어 엑스포를 개최하며 이를 통해 경제 성장을 이룬 것처럼, 엑스포 개최를 통해 국가와 개최 도시의 이미지를 개선하고 국제적인 교류를 통해 지역의 경제 및 고용에서의 창출 효과를 만들 수 있다. 지역을 발전시키고 국가 성장의 원동력까지 이끌어낸다면 성공한 모델이 된다. 개최부터 성공까지의 시나리오에 사람들의 수고가 들어간다. 시작부터 결과까지 다양한 사람의 배턴 터치의 하모니를 보여준 아이치 엑스포는 겉모습 외에도 내면적 성숙도와 진행에서 미래 엑스포의 모델을 제시했다고 평가된다.

> 숨은 손길 찾기.

"엑스포를 통한 도시 마케팅과 도시 개발의 시대."

little help

> 바쁠 땐 여러 가지 도구가 필요하다.

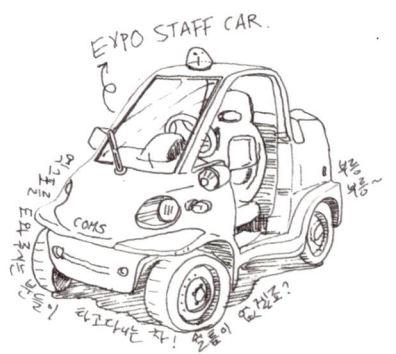

> 로봇의 도움도 한몫.

여수 엑스포 이야기 19

우리가 오늘 세계 엑스포에 모인 이유

지자체관 Local Governments Pavilion

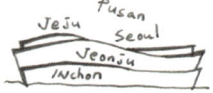

지자체관은 약 23개의 모듈로 계획되어 우리나라의 16개 광역 지자체와 개최도시인 여수시를 중심으로 인근 6개의 지자체들이 참여하는 공동 전시관으로 구성된다. 우리나라 지자체의 지역별 특색과 문화에 대해 비교해보는 경험이 될 것이다. 하나의 커다란 세계적이고 국가적인 이슈를 중심으로 우리나라의 다양한 지역이 모여 하나의 목소리를 내고 하나의 이상향을 추구하는 모습을 보면서 우리의 삶에 대해서 생각해보며 엑스포가 끝나고 나서 일상으로 돌아가서의 자신의 자세와 삶의 방향에 대해 생각해보는 기회가 되길 바란다.

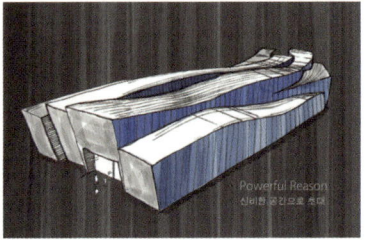

▶ 우리나라의 모든 도시가 여기 다 모여 있다.

▶ 내 고향, 내가 사는 곳을 찾아보는 재미.

인류의 영원한 고향이라고 불리는 바다는 지구의 3분의 2 이상을 차지하며 지구 상에 살아 있는 생물체의 약 90% 이상이 바다에 살고 있다고 한다. 또한 지구에서 발생하는 산소의 75%가 바다에서 만들어지고 인간이 만들어내는 이산화탄소의 50%를 바다가 해결해준다고 한다. 여수 엑스포는 기후 변화, 자원 고갈, 생태계 파괴 등 지

여수 엑스포 관람포인트

구의 공통 과제를 해양과 연안의 가치를 찾으며 해결하고자 하는 데 가장 큰 의의가 있다. 다양한 이론과 실천, 그리고 실험을 통해 국제 사회가 함께 평화롭고 지혜롭게 살아가고자 하는 방법론인 것이다.

국가적으로도 여수 엑스포는 서울 올림픽(1988년)과 대전 세계 엑스포(1993년) 그리고 월드컵(2002년)을 연결하는 맥락의 국제적 이벤트이다. 국제 행사는 국가와 지역의 균형적인 발전의 원동력이 되어주며 동시대의 국민의식을 향상시키는 기능을 가지고 있다. 특히 남해안의 지역적 발전과 국내의 해양 관련 산업의 발전 그리고 해양 과학 기술이 도약하는 계기가 되어줄 것을 바라며 모두가 이 자리에 함께한다고 생각한다.

20
비워진 당신의 자리
My Turn

"생각과 상상을 마음대로 키우는 마법의 티켓을 손에 넣다."

"우리가 만드는
물음표와 느낌표."

마법의 티켓을 들고

여러분은 미지의 장소에 대한 기대와 궁금증을 안고 낯선 사람과 사람 사이에 줄을 지어 엑스포의 하루를 보냈다. 그 티켓은 다시 자기 자신을 열어보는 열쇠가 될 것이다.

내가 다녀간 공간은 곧 역사 속으로 사라지겠지만 관람객 각자의 눈과 머리에 남는 이미지와 감성은 일상으로 돌아간 후 각각의 상황에 따라 삶의 지표 혹은 단서로 큰 역할을 할지도 모른다. 작은 티켓 외에 가져갈 수 있는 의미와 가치의 크기를 재어보고 키우는 것은 우리들 각자의 몫이다.

함께할 미래 _ 모두가 만드는 곳

무엇을 하든지 목적이 없고 방향이 없는 재미는 끝이 허탈하다. 아무 생각 없이 노는 엑스포에서의 하루도 분명 재미있다. 하지만 숙제와 여지가 남아 있는 엑스포는 더 의미가 있지 않을까?

그곳을 떠나 일상으로 돌아온 내가 해야 하고 생각하여야 할 것에 대해 물음표를 주며 소소한 것에 대한 감사와 소중함을 다시 생각해보자. 나도 지구촌의 한 구성원이라고 생각한다면.

아시아에서 엑스포를 경험한 나라는 많지 않다. 불만족의 상황보다는 이제부터 함께할 미래가 중요하다.

"엑스포는 항상 당신의 자리를 이렇게 비워둔다."

엑스포가 남기는 다음 숙제

새로운 해양 문화의 기반을 마련하기 위해 준비된 여수 엑스포는 지구적 환경 문제에 대한 마침표가 아닌 시작점이고 국제 사회 및 개개인에게 보내는 메시지의 첫 줄이다. 우리는 엑스포를 경험하고 다녀옴으로써 바다를 착취의 대상이 아닌 보존의 대상으로 재인식하는 마음의 자세와 여유를 가지고 일상을 다시 시작할 것이다.

> 참여하는 엑스포, 엑스포를 위한 숙박시설의 사인

국가들은 해양 자원의 지속 가능한 이용을 위해 첨단 해양 기술을 교류하고 해양 산업을 육성하게 된다. 해양 에너지를 활용하는 기술을 나누고 해양 오염을 제어하는 환경 기술을 널리 퍼뜨리게 된다. 쾌적한 바다 환경은 해양 레포츠와 해양 관광업으로 긍정적인 영향을 넓혀가리라 생각된다. 이것이 세계의 모두가 오늘 한자리에 모여 나누어 갖는 숙제여야 하지 않을까.

엑스포는 감동과 참여의 특성을 갖는다. 여수 엑스포에서의 특별한 전시와 주제를 찾아준 세계의 관람객들은 평생 잊을 수 없는 감동을 가지고 돌아갈 것이다. 그들이 바라보는 '바다'는 이제부터 달라질 것이다. 인종과 문화의 차이를 넘어 공유하는 세상의 가치는 더욱 빛을 발하기에 우리는 엑스포

여수 엑스포 관람포인트

를 통해 희망을 만나게 되는 것 같다. 그리고 기술적 어려움 속의 후발 국가를 위해 첨단 해양 기술을 공유할 수 있다면 미래는 모두에게 긍정적인 빛깔을 나타낼 것이다. 또한 국제적 협력과 평화적 이용에 국가들이 동참한다면 더욱 밝은 미래를 후손에게 남길 수 있다고 생각된다.

이렇게 여수 엑스포는 형식을 떠나 담고 있는 가치로부터 우리들 평생 한번쯤 가보아도 좋은 곳이라고 말할 수 있음을 기쁘게 생각한다.

> 우리 손으로 완성하는 엑스포, 엑스포 이후의 이야기에 귀를 기울여보자.

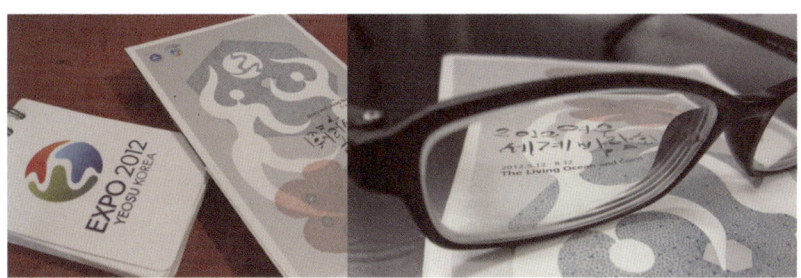

EXPO MAP

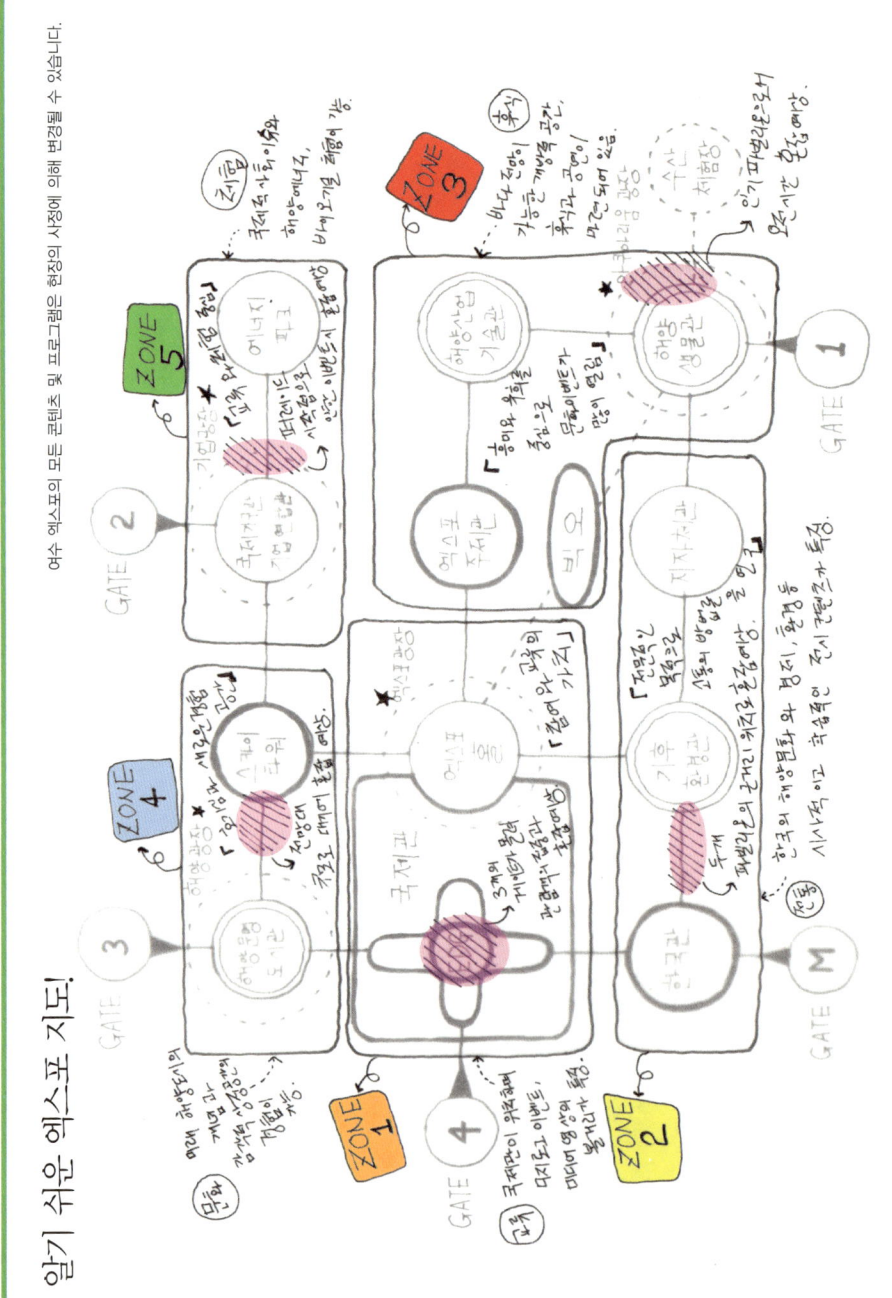

여수 엑스포 관람포인트

보기 쉬운 엑스포 지도!

엑스포디자인여행 291

― 추천 엑스포 관람 테마! ―

 Type

엑스포의 테마에 관심이 많은 가족들

1. 지금 나의 원동력은 가족과 아이들이다.   Page 32

2. 문명과 세계사에 관심이 많다.   Page 252

3. 지역과 종교, 생각의 다양성을 이해한다.   Page 264

4. 세계 평화에 대해 나름 고민한다.   Page 244

5. 자원봉사에 참여하려고 노력하고 있다.   Page 274

공감 포인트
"엑스포를 통해 세계를 본다."

여수 엑스포 추천 코스
Gate 4: Zone 1 > 2 > 3

여수 엑스포 관람포인트

B Type

엑스포의 즐거움을 위해 모인 친구와 연인들

1. 언제 어디서나 분위기를 만드는 편이다.   Page **146**

2. 무채색보다는 화려하고 활기찬 색이 좋다.   Page **202**

3. 담겨 있는 이야기와 사연에 귀를 기울인다.   Page **130**

4. 결과보다 과정에 호기심이 많다.   Page **114**

5. 여럿이서 함께하는 것을 좋아한다.   Page **20**

공감 포인트
"지구촌이 하나 되는 엑스포."

여수 엑스포 추천 코스
Main Gate: Zone 2 > 1 > 4

추천 엑스포 관람 테마!

C Type

발전하는 엑스포의 기술상을 보고 싶은 전문 단체

1. 독창적인 디자인에 관심이 많다.   Page 96

2. 항상 낯선 모험을 실천한다.   Page 80

3. 머리보다 몸으로 하는 경험이 중요하다.   Page 190

4. 새로운 체험에 시간을 투자한다.   Page 176

5. 요즘 지구의 미래를 걱정하고 있다.   Page 64

> 공감 포인트
> "엑스포는 미래의 거울."
>
> 여수 엑스포 추천 코스
> **Gate 1: Zone 3 > 5 > 4**

여수 엑스포 관람포인트

D Type

엑스포의 의미를 느끼고 싶은 개인

1. 일출이나 일몰의 시간과 아름다움을 좋아한다. **Page 220**

2. 고독한 여행을 일부러 떠난다. **Page 158**

3. 나 자신과 자주 대화를 나눈다고 생각한다. **Page 234**

4. 가끔 어디론가 떠나고 싶어진다. **Page 46**

5. 자신의 역할을 스스로 찾는 편이다. **Page 284**

공감 포인트
"인간과 자연의 대화, 엑스포."

여수 엑스포 추천 코스
Gate 3: Zone 4 > 3 > 2

"자, 이제 과거와 미래로의 타임슬립을 시작해보자!"

Epilogue

엑스포 여행, 지금 다녀오세요!

"안녕, 엑스포! 다시 한 번 더 엑스포!"

세계 엑스포에 놀러 갈 때마다 《걸리버 여행기》를 소재로 만든 '미야자키 하야오' 감독의 〈천공의 성 라퓨타〉와 같은 신기루의 세상에서 거인 기병과 꽃의 이야기가 떠오른다. 이처럼 엑스포 여행을 계기로 편하고 빠른 것들이 지배하는 세상에서 느린 삶을 통해 돌아볼 수 있는 기회를 자주 갖도록 해보자. 세상과 이야기하고 소통하는 방법으로 엑스포를 보아주었으면 했다.

지금까지 근대적 의미의 세계 엑스포는 영국의 런던 엑스포부터 2010년 중국의 상하이 엑스포까지 무려 107차례가 개최되었다. 우리나라는 1898년 시카고 엑스포를 시작으로 14번 참여를 하였고 1993년 대전 엑스포에 이어 2012년 여수 엑스포를 개최할 예정인 나라이다.

세계 공인 엑스포(등록 엑스포와 인정 엑스포)의 경우 대부분 국가적 사업으로 추진되며 외교적 수단을 사용할 수 있어 사업의 홍보 파급 효과 등 여러 면에서 유리한 것은 사실이나 절대적인 성공을 보장하지는 않는다. 공인 엑스포 가운데 18개 정도는 대규모 적자를 남겨 도시 재정에 엄청난 손실을 끼친 사실도 이를 말해준다.

실패의 요인은 다양하나 엑스포 주제의 방향성이 성공의 주요한 요인이며 홍보와 국민의 관심도가 다음으로 중요하다고 생각된다.

이 책은 엑스포라는 국제 행사를 추진하며 진행되는 디자인 프로세스의 결과물 전후의 보이지 않는 이야기에 대해 귀를 기울이며 가치를 발견했으면 하는 마음에서 만들어졌고 이로부터 조금이라도 우리나라의 엑스포에 관심과 참여가 늘었으면 한다.

일상을 쪼개서 준비한 서투른 글 솜씨와 자료들에 부끄러울 뿐이지만 조그만 마음가짐과 시선에 엑스포를 보고 느끼는 결과가 무척 달라짐을 잘 알고 있기에 서둘렀던 감이 있으며 이로부터 조바심이 더 컸던 것 같다. 현업으로 돌아가 계속 반성하며 질책을 들을 수밖에 없다고 생각한다.

앞으로도 엑스포에서의 활기찬 현장감이 좋아 이 일을 계속하고 있을 것이다. 엑스포에 관한 것은 언제든 환영하며 나누고자 하니 여러분이 어서 즐겁게 다녀와 그 이야기를 들려주기 바란다.

여수 앞바다에서. 이경진, 김경진

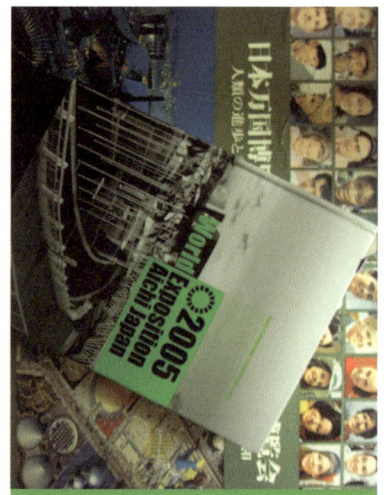

Illustration art

Thanks to

김송옥

경원대학교에서 건축을 전공 후 10여 년간 (주)국제디자인에서 어린이전시 전문 기획자로서 실무 활동을 하였고 고양이를 소재로 하는 작가로서 작품을 만들고 있는 공간 디자이너.

권인화

울산에서 바다를 바라보며 자랐다. 현재 가천대에서 건축을 전공하고 있으며 건축적 시각을 통해 표현한 작품들을 국내 및 일본에서 작은 전시회 활동으로 여러 아티스트들과 소통하고 있다. 시간이 나면 해외로 봉사활동을 떠나는 것이 취미.

Jeff Son 손석일

Doric Design LLC. 대표로 뉴욕에서 건축 설계를 하고 있으며 건축적 구현이 미치지 못하는 상상력의 세계를 스케치로 표현하며 작품 활동을 하고 있다.

Datagun Chen 진덕강

대만 출신 아티스트, 도쿄타마미술대학에서 미디어디자인을 전공, 다국적 아티스트 프로그램 Hakushi의 멤버로 활동 중이다.

www.hakushi.cc / www.datagun.cc

우리는 다음 이야기로……

언제나 영감을 주는 복정동 스페이스1992의 김수진, 석재홍, 정성철, 김재욱, 정대일, 김태진, 김민정, 최미호, 이민아, 이승재, 이유진, 안미지, 강한, 황지훈 그리고 Masao Takenaka 군과 Momoyo Yasui 양에게.

여수세계박람회를 즐기는 방법

엑스포
디자인여행 20

초판 인쇄 2012년 5월 21일
초판 발행 2012년 5월 29일

지은이 | 이경진, 김경진
발행인 | 박명환
일러스트레이션 | 김송옥, 권인화, Jeff Son(손석일), Datagun Chen(진덕강)
디자인 | 디자인뮤제오
마케팅 | 윤병인
교정·교열 | 양은희
제작 | 현문

비주얼토크북 Visual Talk Book
대표전화 02.334.0940
팩스   02.334.0941
홈페이지   www.vtbook.co.kr
이메일   visualtalkbook@gmail.com
발행처 디자인뮤제오 DESIGNMUSEO

ISBN 978-89-961049-6-4

이 책은 저작권법에 따라 보호받는 저작물이므로 이 책에 실린
내용, 디자인, 편집 구성에 관한 무단 전재와 무단 복제를 금지하며
이 책 내용의 전부 또는 일부를 이용하려면 반드시 저작권자와
비주얼토크북의 서면동의를 받아야 합니다.

잘못된 책은 구입하신 서점에서 바꿔 드립니다.

비주얼토크북은 디자인뮤제오의 출판브랜드입니다.

"세계 엑스포를
바라보고
즐기는 시선
20가지"